이 책에 쏟아진 찬사

★★★★★

"앞으로 10년간 먹고살 거리는 걱정하지 마십시오!"라고 큰소리치며 죽기 살기로 뛰었던 정보통신부 장관 시절의 'IT 839 전략'이 생각난다. 그때나 지금이나 IT 신기술은 우리의 희망이자 나라를 부강하게 하는 힘이라고 믿고 있다. 반도체, 2차전지, 인공지능, 빅데이터 등 많은 기술은 기술 그 자체의 경쟁력이 있어야 살아남을 수 있다. 기업은 그러한 신기술을 비즈니스와 융합할 때 비로소 지속성장할 수 있다. 미래를 준비하는 모든 분의 일독을 권한다.

– 진대제, 스카이레이크인베스트먼트 회장·제9대 정보통신부 장관

4차 산업혁명의 도래에 따라 인공지능, 챗GPT, 빅데이터, 무인화, 자동화 등 신기술을 활용한 디지털 혁신이 중요한 국가적 과제로 제기되고 있다. 디지털 기술로 무장한 글로벌 기업들은 세계 시장을 잠식해 가며 갈수록 그 영향력을 확대하고 있고 디지털 전환에 성공한 기업들이 시장을 장악하는 승자독식의 현상이 점점 커지고 있다. 중소기업중앙회도 회원사들의 경쟁력을 위해 제조업 부분에서 우선 스마트 공장 활성화를 위해 많은 지원을 하고 있다. 기업도 스스

로 디지털 전환에 따른 경쟁력 확보를 위해 다양한 노력을 해야 할 것이다. 중소기업 경영진과 관리자는 디지털 전환을 체감하고 있으나 어떻게 대응할지 몰라 고민하고 있다. 이 책이 항상 치열한 경쟁 속에서 긴장하며 생존을 걱정하는 중소기업에 조금이나마 도움이 되길 희망한다.

- 김기문, 중소기업중앙회 회장·제이에스티나 회장

LS일렉트릭은 전력 제품을 생산하는 업체로서 인더스트리 4.0을 연구하고 디지털 트랜스포메이션 계획을 수립해 자동화 설비와 로봇은 물론 디지털 트윈까지 구현한 스마트팩토리로 거듭났다. 한국산업기술진흥협회도 회원사가 디지털 전환을 통해 변화할 수 있도록 적극적으로 지원하고 있다. 디지털 전환을 추진하기 위해서는 우선 신기술을 제대로 파악해야 하고 사업과 연계를 시켜야 한다. 이 책이 그 길을 제대로 제시하고 있다.

- 구자균, 한국산업기술진흥협회 회장·LS일렉트릭 회장

이 책은 평생 IT 전문가로 살아온 저자가 디지털 혁신의 시대를 맞이하여 삼성그룹, CJ그룹, SPC그룹 등에서 디지털 트랜스포메이션을 직접 추진하면서 경험했던 숱한 어려움과 통찰력을 바탕으로 향후 달라지는 세상을 예측하여 정리했다. 기업의 경영진은 물론 디지털 네이티브인 MZ세대도 참고할 만한 필독서로 추천한다.

- 윤만호, EY한영회계법인 회장·전 산은금융지주 사장

인공지능을 이용한 비즈니스 디지털 혁명이 일어나고 있다. 의료 분야만 해도 인공지능이 엑스레이 촬영, 대장용종 즉시 판별, 해부 병리 판독 등에 이미 사용되고 있다. 우리나라는 2025년도부터 초중고에 인공지능을 정식과목으로 도입할 예정이다. IT 최고 전문가가 썼기에 인공지능, 빅데이터, 디지털 전환을 활용한 기업경영, 플랫폼, 메타버스, NFT 등 신기술의 새로운 경향을 종합적으로 파악하는 데 큰 도움이 된다. 한번 읽고 놔두는 것이 아니라 옆에 두고 몇 번이라도 숙독해야 할 책이다.

– 양형규, 서울양병원 원장·『의료 AI 입문』 역자

저자는 삼성, CJ, SPC 등에서 다년간 임원과 대표이사를 역임한 IT 전문가이며 국내 유수 신문이 선호하는 칼럼니스트이기도 하다. 바쁜 직장생활 중에도 기술사와 박사학위를 취득한, 실무와 이론 모두를 겸비한 보기 드문 사계의 권위자이다. 이 책에서 저자가 주창한 새로운 마케팅 이론인 4M과 디지털 전환DX에서 한발 더 나아가 비즈니스와의 혁신적 융합을 강조한 비즈니스 디지털 레볼루션BDR 이론은 학계에서도 인정받을 정도로 참신하다. 사례도 정갈하고 설득력이 있어서 디지털 전환 추진 리더뿐 아니라 일반 독자에게도 필독을 권한다.

– 오재인, 한국미래시스템연구원 이사장·전 단국대학교 경영대학원
원장·전 한국경영정보학회 회장

저자는 디지털 전도사다. 그는 그동안 신문 기고나 강연 등을 통해 우리나라 기업에 끊임없이 디지털 전환을 재촉해왔다. 그러나 이 책은 한 걸음 더 나아간다. 단순히 기존 사업에 디지털 기술을 적용하는 것이 아니라 첨단 신기술이 비즈니스 모델, 프로세스, 제품 전략 등 기업 경영활동 전반에 스며들어야 한다는 점을 강조한다. 그게 진정한 융합이다. 많은 기업이 이 책을 통해 큰 깨달음을 얻었으면 하는 바람이다.

– 손현덕, 매일경제신문 주필·전 매일경제신문 대표

IT 기술의 급격한 발전은 비즈니스 프로세스를 혁신적으로 변화시키고 있다. 디지털 기술은 기존 경쟁의 룰을 근본적으로 파괴하면서 선발 기업과 후발 기업의 격차를 일거에 무너뜨려, 생존을 위한 기업들의 경쟁을 더욱 격화시키고 있다. 이런 상황에서 기업들은 미래경쟁력을 확보하기 위한 또 다른 해법을 찾아야 한다.

저자는 기술과 산업현장의 융합에서 경험한 수많은 사례를 통해 이제 기업들은 디지털 기술을 활용한 프로세스의 개선에 만족할 것이 아니라 아예 기업 자체를 디지털 신기술이 주도하는 기업으로 전환해야 한다는 이른바 비즈니스 디지털 레볼루션BDR을 제안하고 있다. 단순히 기존 사업에 새로운 기술 몇 개를 적용하는 것이 아니라 디지털 기술을 사용해 비즈니스 모델, 프로세스, 제품, 전략을 근본적으로 재정의하고 재설계해야 한다는 획기적인 개념을 소개하고 실행방안까지 안내한다.

이 책은 생존을 넘어 성장을 고민하는 CEO, 디지털 기술의 효율적

인 활용을 책임지는 CIO를 비롯한 많은 IT 전문가에게 현시점에서 가장 필요한 해법을 제시해 줄 것이라 확신한다.

- 양승욱, 전 전자신문 사장

이 책은 급격한 변화의 시대를 사는 경영자와 IT 리더들에게 생존 게임에서 살아남기 위해서 디지털 전환은 왜 필수 불가결한 해결책인지를 잘 설명하고 생존하기 위해서 어떻게 해야 하는지를 잘 알려주고 있다. 저자의 풍부한 경험과 오랜 연륜에서 배어 나온 해박한 지식이 우리를 비즈니스 디지털 레볼루션으로 안내해줄 것이다.

- 김병윤, 한국CIO포럼 회장·미래에셋증권 사장

책의 모든 구절에서 오랜 기간 IT 전문 기업을 진두지휘해온 저자의 생생한 현장경험이 묻어나오는 것을 느꼈다. 디지털 대전환 시대를 마주하는 기업가의 자세와 구체적인 조언이 신선했으며 이에 그치지 않고 날카로운 시각으로 현재 우리나라의 디지털 산업의 현주소와 나아갈 방향까지 제시하고 있다. 경영인들은 물론이고 앞으로 창업을 꿈꾸는 사람들이라면 반드시 가까이 두고 수시로 읽어야 할 비즈니스 지침서이다.

- 조준희, 한국소프트웨어산업협회 회장·유라클 회장

기업의 경영환경은 날로 복잡해지고 경쟁은 더욱 치열해졌다. 지속가능경영을 위해서는 디지털 신기술을 활용한 끊임 없는 혁신이 필요하다. 저자는 신문 칼럼과 강연을 통해 비즈니스 혁신과 디

지털 기술을 융합하는 '비즈니스 디지털 레볼루션'을 꾸준히 제시해 왔다. 이 책은 쏟아져 나오는 신기술을 비즈니스에 적용한 최신 사례를 이해하기 쉽게 종합적으로 다루었기에 기업의 디지털 추진 지침서는 물론 학교에서도 활용하기에 충분하다.

– 박희준, 연세대학교 대외협력처장·산업공학과 교수

비즈니스
디지털 레볼루션

디지털은 어떻게 비즈니스를 성공으로 이끄는가?

비즈니스 디지털 레볼루션

Business Digital Revolution

이경배 지음

클라우드나인
CLOUD 9

이 책을 부모님께 바칩니다.

프롤로그

비즈니스 디지털 레볼루션은
IT, 경영, 혁신의 융합에서 출발한다[1]

증기기관과 방직기가 등장하면서 산업혁명이 시작됐고 개인용 컴퓨터PC와 인터넷의 발명으로 디지털 산업이 꽃피었다. 그러한 개혁의 역사가 철도 산업에도 있었고 지금 우리 눈앞에도 펼쳐지고 있다.

우리나라의 첫 개항 항이며 서울의 관문인 인천항은 1883년에 개항했다. 인천항에 미국, 영국, 일본 등 13개 나라가 영사관을 만들고 1,000여 명의 외국인이 거주하는 지역도 생겼다. 1887년 우리나라 최초의 서양식 호텔이자 최초로 커피를 팔았던 대불호텔이 문을 열었고 일본식 여관인 아사히야여관 등 10여 개의 서양식 호텔과 일본식 여관이 있었다. 인천의 지역경제가 얼마나 성업했는지 알 수 있다.

그러나 1899년 한국 최초의 철도인 경인선이 개통되면서 많은 것이 변했다. 서울까지 사람이나 물자를 이동하는 데 작은 배나 인력거를 이용하면 하루가 걸렸지만 철도를 이용하면 2시간으로 단축됐다. 인천에 머무르는 외국인의 수가 줄어들었고 호텔, 조선소, 인력거, 식당 등이 서서히 침체기를 맞게 됐다. 평온한 경제 질서를 깨뜨려버린 검은 연기와 시뻘건 불을 내뿜고 천지를 진동하는 우레와 같은 소리를 내며 달리는 화륜거가 무서웠을 것이다. 그러나 결과적으로 철도는 국가 발전에 크게 기여했다.

지금은 어떠한가? 우리가 마주한 챗GPT로 대표되는 변화 역시 인천항의 개항 때와 비슷한 상황이다. 빠른 발전과 경쟁이 바로 눈앞에 펼쳐지는데도 신기술이 가져올 큰 변화를 인식하지 못하거나 그저 안일한 대처를 하고 있지는 않은가?

인공지능은 사무직이나 전문직은 물론 예술가나 창작가의 직업까지도 위협하고 있다. 전기자동차는 기존 휘발유 자동차의 생태계에 큰 변화를 주고 있다. 생활과 밀접한 많은 사업과 서비스가 온라인 플랫폼으로 이전됐고 가상현실은 영화나 게임 시장의 판도를 바꾸고 있다.

수작업으로 이루어지는 사무, 제조, 서비스 현장은 물론 정밀한 의료 수술까지도 로봇이 대체하고 있다. 경영자가 앉아서 천 리를 볼 수 있도록 전사적 자원관리ERP, 공급망 관리SCM 시스템도 하루가 다르게 통합되어 발전하고 있다. MZ세대의 트렌드 변화에 대처하기 위해 마케팅이나 영업에도 인공지능과 빅데이터를 활용한 디지털 마케팅이 대세다.

　디지털 기술의 빠른 발전은 소리 없는 총성이 되어 국가 간 산업 전쟁으로 치닫고 있다. 이미 우리 사회, 경제, 산업 전반에 걸쳐 큰 변화를 가져오고 있다. 이런 변화에 민첩하게 대응하기 위해서 기업은 4년간의 신제품이 전체 매출의 30%를 넘길 수 있도록 신기술 기반 경영 혁신 마스터플랜을 수립해야 한다. 또한 매출의 일정 액을 디지털 전환DX에 과감히 투자해야 한다. 그리고 개인은 자신의 시간 중 상당분을 신기술을 습득하고 디지털 역량을 키우는 데 사용해야 비로소 미래를 준비하고 있다고 할 수 있다.

　과거의 경영 혁신은 프로세스 혁신이었으나 지금의 경영 혁신은 '신기술 적용 혁신'이다. 변화와 혁신의 중심에는 IT 신기술이 있고 변화를 선도하는 것은 단순한 기술 숙련도를 넘어서 '혁신 마인드를 갖춘 차세대 인적 역량'이다. 진정한 '비즈니스 디지털 레볼루션 BDR, Business Digital Revolution'은 IT, 경영, 혁신의 융합에서 출발한다. 융합을 통해 도전을 기회로 또 기회를 번영으로 전환하는 방법을 마련할 때다.

2023년 9월
이경배

1장

비즈니스
디지털
레볼루션이
시작됐다

BUSINESS
DIGITAL
REVOLUTION

1.

전사업에 신기술을 적용하라

신기술 발표 소식을 접하거나 신기술을 적용한 성공 사례가 소개될 때마다 갑갑함을 느낀다. 얼마 전까지 디지털 전환DX이 유행하더니 갑자기 챗GPT가 세상을 바꿀 것처럼 난리여서 혼란스럽다. 가만있자니 뒤처지는 것 같고 뭔가 도입하자니 어떤 기술을 어떻게 적용해야 할지 모르겠다.

기술은 산업혁명을 일으킨 촉매제다. 산업 사회 이후 정보화 사회를 거쳐 지능화 사회로 접어든 저변에는 기술 발전이 궤를 같이하고 있다. 스마트폰으로 인한 생활 변화 못지않게 챗GPT가 몰고

비즈니스 프로세스 리엔지니어링, 디지털 전환, 비즈니스 디지털 레볼루션 개념

	비즈니스 프로세스 리엔지니어링BPR	디지털 전환DX	비즈니스 디지털 레볼루션BDR
연도	1990년대	2010년대	2020년대
주창	마이클 해머	클라우스 슈밥	이경배
목표	프로세스 재설계	디지털 기술 적용	신기술 적용 혁신
활동	프로세스 혁신	파괴적 혁신	비즈니스 혁명
효과	효율성	효과성	사업성
기술	전사적 자원관리, 공급망 관리, 생산 관리 시스템, 그룹웨어	인공지능, 빅데이터, 사물인터넷, 클라우드, 블록체인	인공지능, 플랫폼, 혼합현실, 디지털 트윈
사례	GE, IBM, 포드, 월마트 경쟁력, 원가, 고객만족	MS윈도, 애플 아이폰, 아마존, 넷플릭스, 우버	챗GPT, 자율주행전기차, GPU

올 변화의 물결 역시 혁명적 수준이 될 것으로 예상한다. 더욱이 일반인이 기술을 받아들이는 속도가 점점 빨라지고 있다. 기업이 이러한 변화에 민첩하게 대응하면서 지속가능 경영을 하기 위해서는 신기술을 과감히 받아들여야 한다.

신기술을 탑재한 상품과 서비스의 경쟁 상대는 글로벌화됐다. 고객 요구도 종잡을 수 없을 정도로 다양하게 변화했다. 이를 따라잡으려면 경영 방식과 기술 적용력이 바뀌어야 한다. 변화를 받아들이기 위해서는 체계적인 방법론이 필요하다. 지금까지 나온 경영 방법론이나 기술 적용론을 정리하면 크게 두 가지로 요약할 수 있다. 첫째, 기업이 성장하기 위해서는 현재의 프로세스를 혁신적으로 개선할 필요가 있다. 둘째, 신기술을 수용하기 위해서는 기술을 이해하고 응용할 필요가 있다. 이러한 차원에서 비즈니스 프로세스 리엔지니어링BPR과 디지털 전환DX이 등장했다. 그러나 최근 엄청난 기술의 발전을 수용하기에는 이 두 가지로는 부족하다. 부족한 부분을 보완하기 위해 '비즈니스 디지털 레볼루션BDR, Business Digital Revolution'이라는 방법론을 소개한다.

비즈니스 프로세스 리엔지니어링
: 혁신적 개선과 경쟁력 확보의 원동력

기업은 비즈니스 프로세스 리엔지니어링BPR이라는 혁신적 관리 방식을 채택함으로써 기업 구조를 재정립하고 산업 경쟁력을 키웠다. 비즈니스 프로세스 리엔지니어링BPR은 기업이 효율성을 높이고 성능을 개선하기 위해 기존 사업 프로세스를 체계적으로 재설계하는 방법론이다. 이러한 전략은 효과적인 의사결정, 생산성 향상, 비용 절감, 고객 만족도 개선을 촉진하며 우리나라 기업이 글로벌 경쟁에서 이길 수 있도록 체질을 개선하는 데 크게 기여했다.

특히 제조, 유통, 금융 등 다양한 산업에서 큰 변화를 이끌었다. 제조 산업에서는 생산 프로세스를 더욱 효율적으로 재구성하는 한편 고객 요구에 대응하는 새로운 제품 개발을 촉진했다. 유통 산업에서는 공급망 관리를 최적화하고 판매 채널을 다양화하는 데 기여했다. 금융 산업에서는 전자 금융 시스템 도입과 통합을 촉진하며 서비스 품질을 개선하고 고객 만족도를 높였다.

마이클 해머와 제임스 챔피 교수의 공저 『리엔지니어링 기업혁명』을 보면 기업이 운영 방식을 근본적으로 높이기 위해서는 기존 구조와 프로세스를 무시하고 새롭게 재구성해 생산성과 성과를 최적화해야 한다고 제안한다. 비즈니스 프로세스 리엔지니어링에서 변화는 점진적 변화가 아니라 극적 개선에 있다. 물론 그 도입은 모든 기업에 도전이었다. 기존 방식에 대한 저항, 변화에 대한 두려움, 새로운 프로세스의 설계와 실행을 위한 노력은 적지 않았다.

비즈니스 프로세스 리엔지니어링은 한 번 하고 나면 더 이상 안 해도 되는 걸까? 그렇지 않다. 사업 방식이나 경쟁 구도는 늘 변하고 있다. 많은 제품이 출시되는 무한경쟁 환경에서 기업은 한 번 정한 프로세스를 계속 유지할 수도 없고 유지해서도 안 된다. 그래서 적당한 시기에 프로세스 혁신PI, Process Innovation을 하고 시스템화하기 위해 차세대 전사적 자원관리ERP나 새로운 시스템을 도입하고 있다.

디지털 전환
: 디지털 기술 적용이자 파괴적 혁신이다

디지털 전환은 기업의 생존과 성장에 필수 요소가 됐다. 디지털 기술 발전으로 기업 경영 환경이 빠르게 변화하고 있으며 이러한 변화에 적응하고 경쟁력을 유지하기 위해 서두르고 있다. 세계경제포럼 설립자이자 회장을 역임하고 있는 클라우스 슈밥이 저서 『제4차 산업혁명』에서 인공지능, 로봇공학, 생명공학, 나노 기술 등이 정치, 경제, 사회에 큰 영향을 미칠 것이라고 주장하면서 큰 화두로 등장했다.

디지털 전환은 디지털 기술을 비즈니스 모델, 프로세스, 조직 문화 등 사업 또는 조직의 모든 측면에 적용함으로써 기업 경쟁력 향상은 물론이고 고객에게 가치를 제공하는 방식을 근본적으로 변화시키는 것을 말한다. 기업의 모든 분야에 영향을 미치는 광범위한 변화이며 쉽지 않은 과정이다. 그럼으로써 기업은 운영 효율성을 높이고 새로운 수익원을 창출하며 고객 경험을 개선할 수 있다.

디지털 전환은 파괴적 혁신을 전제로 추진된다. 마이크로소프트는 기존 IBM의 도스DOS 운용체계와는 달리 사용자 친화적이고 사용하기 쉬운 윈도 운용체계를 개발해 대체했다. 애플은 노키아와 모토로라의 휴대폰과는 달리 디자인이 뛰어나고 사용하기 쉬운 아이폰을 개발해 휴대폰 시장을 재편했다. 아마존은 기존 소매업체와 달리 저렴하고 편리한 온라인 쇼핑 서비스를 제공해 소매 유통 구조를 파괴했다.

비즈니스 디지털 레볼루션
: 기술을 사업의 중심으로 재창조한다

최근 새로운 IT가 쏟아져 나오면서 신기술을 활용해 신사업을 창출하거나 기존 사업을 재편하려는 움직임이 활발히 일어나고 있다. 신생기업의 경우 새로운 IT를 활용해 기존 기업과 차별화된 경쟁을 할 수 있게 됐다. 신기술이 비즈니스 세계에 혁명적인 변화를 일으키고 있다.

우리나라가 승차 공유 서비스인 우버의 적법 문제로 수년을 허비하는 사이에 미국과 중국은 물론 일본은 하늘을 나는 자동차인 도심 항공 이동수단UAM, Urban Air Mobility 개발에 뛰어들며 공유 항공 시대를 선점하기 위해 경쟁을 벌이고 있다.

발전된 형태의 인공지능인 챗GPT의 경우 완전히 차별화된 신산업을 만들어내고 있어 기회이기도 한 반면에 경쟁자를 위험한 상황으로까지 내몰고 있다. 금융 산업에서는 창구업무는 물론 대출업무까지도 비대면으로 처리하기 위해 인공지능, 빅데이터, 블록체인 기술까지 완벽하게 통합된 IT 시스템을 구축하고 있다.

비즈니스 디지털 레볼루션BDR은 신기술이 주도하는 기업을 만드는 것이다. 단순히 기존 사업에 몇 가지 새로운 기술을 적용하는 것이 아니라 첨단 기술과 신기술을 사용해 비즈니스 모델, 프로세스, 제품, 전략을 근본적으로 재정의, 재설계하는 전략적 차원의 이니셔티브로 정의할 수 있다. 전체 비즈니스 모델과 운영 구조를 완전히

비즈니스 디지털 레볼루션 추진 주요 요소

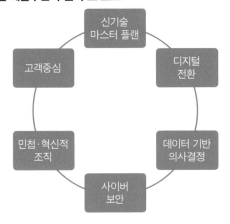

변신시키는 것을 목표로 하는 혁신적이고도 파괴적인 전략이다.

신기술을 활용해 신사업을 창출한 기업으로는 테슬라, 엔비디아, 오픈AI, 아마존웹서비스AWS 등이 있다. 기존 사업에 새로운 IT를 적용해 주력사업을 혁신한 기업으로는 GE, 월마트, 존디어 등이 있다.

비즈니스 디지털 레볼루션을 체계적으로 추진하기 위해서는 여섯 가지 요소를 고려해야 한다. 첫째, 사업에 적합한 신기술을 발굴하고 마스터플랜을 수립한다. 둘째, 비즈니스의 모든 영역에 디지털 기술을 통합해 운영하는 디지털 전환을 기본으로 삼는다. 셋째, 데이터 기반 의사결정 체계를 구축해 신속한 의사결정과 결과 개선을 지원한다. 넷째, 사이버 보안과 프라이버시 보장은 비즈니스 디지털 레볼루션에서 중요한 부분이다. 다섯째, 변화하는 시장에 더 빠르게 적응할 수 있도록 민첩성과 혁신으로 무장한 조직으로 탈바꿈한다. 여섯째, 고객 경험을 개선하고 개인화된 상품이나 서비스를 제안하며 고객 요구사항을 더 잘 이해하기 위해 고객 중심 체계를 수립한다.

전통적인 비즈니스 프로세스 리엔지니어링은 비즈니스 프로세스를 재구성하는 것을 목표로 한다. 디지털 전환이 디지털 기술을 적용하는 것에 목표를 두었다면 이제는 사업 그 자체에 신기술을 적용함으로써 새롭고 경쟁력 있는 비즈니스를 창출할 수 있어야 한다. 이를 비즈니스 디지털 레볼루션BDR으로 명명한다.[1]

2.

정보화에서 지능화 사회로 변화한다

미국 전기차 기업 테슬라의 최고경영자 일론 머스크*가 공동 창업한 오픈AI가 2022년 11월에 공개한 대화형 인공지능 서비스인 챗GPT는 출시되자마자 선풍적 관심을 끌었다. 빅데이터와 기존 인공지능의 등장보다도 더 큰 충격과 함께 성공적으로 데뷔했다. 2개월 만에 사용자가 1억 명을 넘었고 매월 20달러를 내는 유료 버전

---

* 오픈AI는 2015년에 일론 머스크와 샘 알트만이 공동 설립했다. 당시 두 사람은 '인류에게 유익한 방향으로 인공지능을 개발하겠다'면서 비영리단체로 만들었다. 하지만 그 후 일론 머스크는 뉴럴링크를 설립하면서 이해관계 충돌 문제가 생기자 2018년에 오픈 AI 이사회에서 전격 사임했고 지분도 마이크로소프트에 매각했다.

사용자도 출시 3일 만에 100만 명을 넘어섰다.

2023년 1월 미국 라스베이거스에서 열린 세계가전전시회CES에서 '인간 안보Human Security'라는 주제로 신기술이 우리의 삶을 어떻게 바꾸고 있는가를 보여줬다. 예컨대 챗GPT는 가까운 미래에 인공지능 로봇이 인간을 상당 부분 대체할 수 있음을 강력히 시사했다. 챗GPT를 사용하면서 몇 가지 교훈을 얻었다.

첫째, 챗GPT는 커다란 공을 세상에 쏘아올린 셈이다. 개발사인 오픈AI는 인공지능 언어모델, 그림 그리는 인공지능, 다국어 음성인식 인공지능 등을 지속해서 선보였다. 언어 예측 모델을 기반으로 수천억 개의 매개변수를 강화 학습한 대화형 인공지능이다. 검색 결과만 보면 사람인지 기계인지 분간하기 어려울 정도다.

기존 검색엔진은 몇 번을 되물어도 같은 내용만 출력했다. 반면 챗GPT는 같은 질문이더라도 매번 조금씩 다르게 답변하고 원하는 분량에 맞춰서 출력한다. 구글, 마이크로소프트, 네이버 등도 GPT 기반 검색엔진을 출시하겠다고 발표했지만 챗GPT에 못 미친다면 기존의 사업에도 나쁜 영향을 줄 수도 있어 중요한 갈림길에 섰다.

혹자는 챗GPT 악용으로 인한 교육 현장의 파괴를 우려한다. 하지만 막을 수 없는 변화의 흐름이라면 더 수준 높은 과제를 부여하면 된다. 미국에서 챗GPT 부정 사용 방지를 위한 움직임이 있는 것은 사실이다. 하지만 일부 학교는 챗GPT 사용을 허용하고 결과물에 대한 설명을 요구하는 등 수업 평가 방식에서 변화를 모색한다.

반면 한국의 인공지능 교육 현장과 산업 현장은 여전히 데이터를 수기 입력한다. 40년 전에나 유행했던 이론을 바탕으로 기술적 담론에 머물러 있거나 아주 기초적인 지식으로 인공지능 전문가를 자처하고 있지 않은지 반문해본다. 기술 발전이 사회 전반의 양식과 제도를 견인하고 있다. 챗GPT로 인해 다양한 지식 노동자의 직업이 사라질 우려도 충분히 있지만 변화의 흐름을 목격했다면 철저히 대응해야 한다.

둘째, 콘텐츠 유료화 전략의 백미다. 과거 플랫폼이나 콘텐츠 업체들은 사업 초기에 무료 사용자를 확보하고 일정 시점이 지나 유료화했다. 그 과정에서 사용자 이탈로 인해 사업 위기를 맞은 사례가 많았다. 『뉴욕타임스』는 온라인 뉴스의 유료화 실패 이후 일부 콘텐츠만 유료화했다. 다음도 한메일의 유료화 실패로 사용자가 크게 줄어드는 경험을 했다.

챗GPT는 처음부터 유료화를 목표로 전략을 세운 것으로 보인다. 무료 제공 데이터는 2021년 이전으로 한정 지어 사용자의 호기심과 욕구를 크게 자극한다. 엉성한 화면과 느린 속도는 유료로 전환하면 개선될 거라는 기대감이 높았다. 월 사용료 20달러인 '챗GPT 플러스'의 대기자를 미국 사용자 한정으로 받은 것은 대단한 자신감이 반영된 마케팅 전략이었다.

셋째, 질문 잘하는 사회다. 2010년 서울에서 열린 G20 정상회의 폐막식 기자회견에서 버락 오바마 미국 대통령이 한국 기자들에게 질문 기회를 몇 번이나 줬는데도 단 한 명도 손을 들지 않았다. 침묵이 흐르던 와중에 중국 기자가 오바마 대통령에게 따지듯 무례

하게 질문해 논란이 됐다. 한국 사회의 질문 수준이 드러나 낯 뜨거웠다.

회사에서도 마찬가지다. 왜 질문을 안 하는 걸까? 주입식 교육과 가만히 있으면 중간은 간다는 보신주의 때문일 수 있다. 더 솔직하게는 아는 것도 없고 궁금한 것도 없어서일 것이다. 챗GPT를 잘 활용하려면 무엇보다 질문이 정확하고 구체적이어야 한다. 좋은 질문을 하지 않으면 제대로 된 답을 얻을 수 없다.

4차 산업혁명은 정보화를 넘어 지능화 사회로 전환하는 것이다. 챗GPT를 마주한 첫 감정이 두려움이라면 우리 사회에서 시대에 뒤떨어진 산업을 보호하려는 「붉은 깃발법」[2]이 존재하고 있지 않은지 살펴봐야 한다. "21세기 학생을 20세기 교수가 19세기 방식으로 교육한다"는 탄식이 넘치는 나라에서 창의성은 소멸하고 인공지능이 창조의 신인 뮤즈가 될 것을 지레 겁먹을 것인가.[3]

2장

인공지능이
세상을
바꾼다

BUSINESS
DIGITAL
REVOLUTION

1.

검색이 아니라 질문이 중요해졌다

우리는 그동안 구글이나 네이버와 같은 검색 사이트를 이용하면서 간단한 조회를 위해 단어 한두 개를 입력했다. 검색 사이트는 자주 조회하는 단어 중심으로 미리 데이터를 만들어놓았다가 보여주는 방식이다. 검색 기능은 무료로 사용하게 하면서 검색어에 맞는 광고를 보여준다든가 광고비를 많이 낸 기업을 파워링크라고 해서 먼저 보이는 방식으로 돈을 벌어왔다.

챗GPT는 단어 한두 개를 입력하면 그에 맞게 미리 준비된 데이터를 보여주는 기존 방식을 완전히 뛰어넘는 것이어서 검색 사이트 사용자는 물론 검색 기능을 제공하는 기업이나 인공지능 전문가들을 '멘붕'에 빠지게 했다. 기존에는 아쉬운 대로 단어 한두 개만 입력하면 됐는데 챗GPT 등장 이후 내가 알고 싶어하는 것을 문장으로 입력해야 함은 물론 많은 요구사항을 한 번에 입력하거나 재차 답변을 요구하거나 계속되는 대화형으로 질문하고 답을 끌어내면서 가장 최적의 해답에 도달할 수 있게 됐다.

챗GPT에게 질문을 잘하는 방법은 두 가지다. 하나는 질문하려는 것을 구체적인 문장으로 작성하는 역량을 키우는 것이다. 다른 하나는 챗GPT가 미국에서 만든 생성형이다 보니 언어가 영어 중심으로 되어 있고, 특히 영어로 된 전 세계 데이터를 학습했기 때문에 구글 번역기와 챗GPT를 번갈아 가며 활용하는 것이다.

챗GPT 출현으로 많은 사무직이 사라지거나 축소될 거라는 전망이 나오고 있다. 벌써부터 챗GPT를 활용하여 생산성을 수십 퍼센트 이상 높인 사례가 속출하고 있다. 사라질 직업이 있는가 하면 새로 생겨난 직업 중에 챗GPT에게 대신 질문하여 정확한 결과를 얻어내는 '프롬프터'가 있을 정도로 질문을 잘하는 것이 중요하다.

2.

플러그인 서비스 시대가 온다

챗GPT의 등장 이후 이제 모든 검색의 시작은 키워드 검색이 아니라 자연스러운 대화형 질문이 될 것으로 보인다.

'챗GPT 플러그 서비스'는 챗GPT에 쇼핑몰을 연결함으로써 질문에서 답으로, 답에서 바로 쇼핑으로 이어질 수 있게 한다. 플러그인 스토어에 들어가 원하는 플러그인을 설치한 후 챗GPT에게 질문을 하면 그 질문에 맞는 결과를 해당 사이트에서 가져와 알려준다. 예를 들어 이용자가 챗GPT 프롬프트에 '뉴욕 여행 준비 좀 도와줘.'라고 입력하면 챗GPT는 그동안 뉴욕 여행에 대해 학습한 내용을

챗GPT 플러그인 서비스

서비스명	내용
익스피디아	호텔·항공권 예약
피스컬노트	글로벌 정책과 법안 정보
인스타카트	식료품 배송
카약	호텔·항공권 예약
클라나쇼핑	쇼핑
마일로패밀리AI	가족 돌봄
오픈테이블	식당 예약
스픽	언어 교육
샵	쇼핑
울프럼	수학 검색 엔진
재피어	업무툴 연동

(출처: 중앙일보)

보여줄 뿐만 아니라 쇼핑몰인 익스피디아의 데이터베이스DB에 연결해 실제 비행시간, 항공권 가격, 호텔 등을 실시간으로 검색하고 예약도 해준다. 식당 예약의 경우도 마찬가지다. '맨해튼 강이 내려다 보이는 이탈리안 식당을 알아봐 줘.'라고 하면 오픈테이블에 연결하여 식당, 메뉴, 가격 및 예약 가능 여부 등을 알려준다.

국내에서도 챗GPT의 상용화를 시작으로 여행과 세무 등 일상 속 다양한 분야에서 인공지능으로 인한 변화가 빠르게 나타나고 있다. 많은 기업이 자사 앱에 챗GPT를 그대로 또는 변형하여 탑재하고 있고 다양한 스타트업의 서비스가 쏟아지고 있다.

인공지능 서비스를 활용한 업체

업체	서비스	내용
업스테이지	아숙업	광학문자 판독을 활용한 텍스트 추출, 정보 요약
굿닥	건강 인공지능 챗봇	건강 시술 질문에 실시간 진단과 답변
코멘토	커리어 멘토링	직무, 이력 등 답변, 전문가 의견 제시
체인파트너스	네이티브	챗GPT에 한영 번역을 통한 질문과 답변
뤼튼테크놀로지스	뤼튼	글 초안과 광고 문구 작성, 글쓰기 교육
삼쩜삼	세금 챗봇	세금 신고, 환급, 연말정산 관련 답변
마이리얼트립	인공지능 여행플래너	맛집, 명소 추천, 여행 일정 팁 제공
스픽이지랩스	스픽	인공지능과 영어로 프리토킹, 원어민과 대화하는 경험 제공

(출처: 매일경제)

인공지능 스타트업 업스테이지는 최근 챗GPT를 카카오톡에서 사용할 수 있는 챗봇 서비스인 'AskUp(아숙업)'을 선보였다. 아숙업은 별도의 앱이나 입력 프롬프트 없이 카카오톡에서 타인과 대화를 나누듯 질문하고 대답을 확인할 수 있어 편리하다. 예를 들어 베트남에 여행을 가서 현지인에게 화장실이 어디냐고 물어봐야 하는 경우, 아숙업에 '화장실은 어디 있나요를 베트남어로 뭐라고 하지?'라고 입력하면 베트남어를 한글 발음으로 풀어서 답해준다. 식당에서 메뉴판이 베트남어로 되어 있을 때는 사진을 찍어 아숙업에 입력하면 한글로 번역하여 알려준다. 광학문자판독OCR 기술이 적용된 아숙업은 문서 내 다양한 글꼴, 배경, 손글씨 등에 상관없

글로벌 인공지능 시장 규모

(단위: 달러)

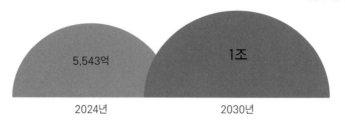

5,543억   1조

2024년   2030년

(출처: 인터넷데이터센터)

이 문자를 인식할 수 있는 것이 특징이다. 이용자가 계약서나 학습 자료, 사업자등록증 등 문서를 사진을 찍어 입력하면 요청한 중요 정보를 추출해 텍스트 기반으로 보여준다.

헬스케어 플랫폼인 굿닥은 챗GPT 기능을 탑재한 건강 관련한 인 공지능 챗봇을 출시했다. 이용자가 건강과 관련한 질문을 하면 인 공지능이 실시간으로 답변하고, 수술 관련 질문을 하면 진단 문진 과 함께 해결 방안도 제시한다. 플러그인 서비스와 같이 병원 예약 등 대면 진료와 연결하는 솔루션도 제공한다. 이와 같이 챗GPT가 등장하면서 검색은 검색 사이트에서 하고 쇼핑은 쇼핑 사이트에서 따로 하는 현재의 서비스 수준을 넘어서 통합되는 플러그인 서비스 로 발전되어 가고 있다. 많은 인터넷 쇼핑몰이나 인터넷 서비스가 챗GPT를 적극적으로 검토하는 이유가 바로 여기에 있다.

3.

인공지능과 함께 일하게 된다

사람이 하던 일을 인공지능이 대체하는 현상이 전 세계적으로 수많은 직군에 걸쳐 가속화되고 있다. 누구나 인공지능이나 로봇 등 신기술이 사람이 하는 일을 대체해 나갈 것으로 예상한다. 하지만 그렇다고 모든 직업이 다 신기술에 의해 대체될 수는 없다. 일부는 대체되고 일부는 보완되면서 사회는 더욱 미래를 향해 발전해 갈 것이다. 따라서 기업이나 개인은 각 사례를 잘 살펴보면서 향후를 미리미리 준비해야 하겠다.

투자은행 골드만삭스는 2023년 3월 보고서에서 챗GPT와 같은 생성형 인공지능이 3억 개에 달하는 세계 정규직 일자리를 대체할 것이라고 전망했다. 인공지능 자동화가 단순 노동 직군을 대체할 것이라는 기존 예상과 달리 행정직이나 사무직 등 고연봉을 받는 직종이 더 큰 위협을 받고 있다. 인공지능이 전 세계 국내총생산GDP을 7%(7조 달러) 상승시키고 노동생산성 역시 향후 10년간 연 1.5%씩 올라갈 것으로 전망했다. 대부분의 일자리는 부분적으로 노출되기 때문에 모두가 정리해고되는 대체보다는 보완될 가능성이 더 클 것으로 내다봤다.[1]

스웨덴의 교육 콘텐츠 기업 워드파인더WordFinder가 2023년 3월 미국인 대상으로 조사한 결과 Z세대는 61%, 밀레니얼세대는 55%, 중년에 접어든 X세대마저 51%가 챗GPT를 이용하는 것으로 나타났다. 이미 인공지능은 일상의 다양한 영역에서 폭넓게 활용되는 것으로 조사됐다. 직장에서는 아이디어 창출(41%), 콘텐츠 제작(20%) 등에 주로 사용됐고 이메일 답변(14%)과 코드 짜기(11%), 자기소개서·이력서 작성(10%), 프레젠테이션 만들기(9%) 등에도 활용됐다.[2]

국내에서도 한국언론진흥재단의 2023년 4월 조사에 따르면 20대 48.0%, 30대 36.0%, 40대 25.6%, 50대 21.4% 순으로 챗GPT를 경험했다.[3]

미국에서는 챗GPT가 와튼스쿨 MBA 과정 기말 시험에서 웬만한 학생 수준의 우수한 성적을 받았고 로스쿨(법학전문대학원) 시험과 의사면허 시험도 통과했다. 일본에서도 의사면허 시험을 통과했다. 이처럼 챗GPT의 우수한 성적은 화이트칼라 일자리에 시사하는 바가 크다. MBA, 로스쿨, 메디컬스쿨은 모두 많은 학습이 필요한 고연봉 지식 노동자를 배출하는 곳이기 때문이다. 챗GPT와 같은 생성형 인공지능이 지식 노동자의 자리를 대체할 수 있음을 보여준 것이다.[4]

국내 기업에서도 마케팅, 디자인, 전자제품 개발, 게임 개발, 신약 연구와 같은 대표적 화이트칼라 직종을 인공지능이 파고들고 있다. 고학력 전문가들이 담당했던 연구 업무에 인공지능이 투입된 것이 대표적인 예다. LG디스플레이는 지난 10년간 연구원들이 수작업으로 가장 밝게 빛을 내는 최적의 분자 조합을 찾았다. 그런데 이제는 발광 정도를 예측할 수 있는 인공지능이 이 업무를 대신한다. 중국 인공지능 연구소 바이두는 첨단 mRNA 백신을 설계하는 인공지능 알고리즘을 개발했다. 연구원이 수개월씩 걸려 하는 작업을 인공지능은 11분 만에 끝낸다.

게임 업계는 인공지능 활용이 가장 활발한 산업이다. 챗GPT와 같은 언어모델 인공지능이 게임의 스토리와 대사를 짜고 그림 그리는 인공지능이 그래픽을 그릴 수 있기 때문이다. 엔씨소프트는 기존에는 1분가량의 게임을 애니메이션 제작하기 위해 디자이너 3명이 6~7주가량 작업했으나 현재는 자체 개발 인공지능을 디자인 작업에 활용하면서 작업 기간이 4주 정도로 단축됐다.

중국 게임 업계도 채용이 70%가량 감소했다. 일러스트레이터가 하던 그림과 이미지를 만드는 작업을 인공지능이 대신하면서 더

가장 빨리 늘어날 일자리, 사라질 일자리 톱 10(2023~2027년)

늘어날 일자리	사라질 일자리
• 인공지능·머신러닝 전문가	• 은행 텔러와 관련 직원
• 지속가능성 전문가	• 우체국 직원
• 비즈니스 인텔리전스 분석가	• 계산원, 매표원
• 정보 보안 분석가	• 데이터 입력 담당자
• 핀테크 엔지니어	• 행정, 집행 비서
• 데이터 애널리스트, 과학자	• 자료 기록, 재고 관리 사무원
• 로보틱스 엔지니어	• 회계, 부기, 급여 사무원
• 빅데이터 전문가	• 가전제품 설치·수리공
• 농업 장비 운영자	• 입법부 의원, 공무원
• 디지털 전환 전문가	• 통계, 재무, 보험 사무원

(출처: 세계경제포럼 「일자리의 미래」 보고서)

이상 사람이 필요하지 않게 됐다. 독일 패션기업 잘란도는 250명이 하던 마케팅 업무를 인공지능으로 대체했다. 지난 2~3년간 국내 인터넷·게임 업계에 불었던 개발자 채용 열풍도 최근 급속히 잠잠해졌다.

마케팅도 인공지능이 빠르게 대체하는 분야다. 마케팅은 마테크 MarTech라고 불릴 정도로 새로운 기술을 빨리 적용하는 것이 대세가 되고 있다. 백화점 마케팅의 핵심은 세일이나 행사를 홍보하는 것이다. 그런데 마케팅의 목적, 대상, 시점 등을 입력하면 인공지능이 홍보 문구를 대신 작성하는 것이다. 디자인이나 창작 분야도 인공지능의 등장으로 변화하고 있다. LG그룹은 이미지 생성 인공지능 '엑사원 아틀리에'를 개발해 제품 디자인에 활용하면서 300초만에 최대 256개의 이미지를 만들어낸다. 이 이미지를 사람 디자

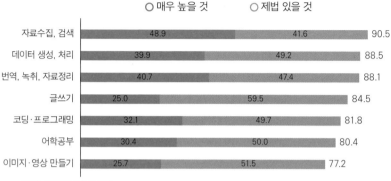

분야별 챗GPT 활용성 예측

(단위: %)

○ 매우 높을 것 ○ 제법 있을 것

분야	매우 높을 것	제법 있을 것	합계
자료수집, 검색	48.9	41.6	90.5
데이터 생성, 처리	39.9	49.2	88.5
번역, 녹취, 자료정리	40.7	47.4	88.1
글쓰기	25.0	59.5	84.5
코딩·프로그래밍	32.1	49.7	81.8
어학공부	30.4	50.0	80.4
이미지·영상 만들기	25.7	51.5	77.2

(출처: 한국언론진흥재단)

이너가 보완해 포장 디자인에 활용하는 식이다. 넷플릭스는 3분짜리 애니메이션을 선보이면서 이미지 생성 인공지능으로 배경 작업을 했다. 수많은 사람이 붙어서 하던 일이다.[5]

테크 업계에선 인공지능이 대체할 가능성이 큰 분야로 콜센터와 같은 고객 대응, 회계, 재무·데이터 분석, 마케팅, 콘텐츠 제작 등을 꼽는다. 향후 3년 안에 콜센터 통화량의 20~30%가 인공지능으로 자동화될 수 있다는 의견도 나온다.[6]

'인공지능 변호사'가 '인간 변호사'의 일자리를 위협할 것이란 전망도 나오고 있다. 리걸테크라는 신조어가 만들어질 정도로 법률계에서의 챗GPT 적용은 속도를 내고 있다. 미국 투자은행 골드만삭스에 따르면 전체 법률 업무의 절반에 가까운 44%가 인공지능을 통해 자동화될 수 있을 것으로 예상된다. 또 미국의 한 로펌이 기업 실사에 인공지능 기술을 적용했더니 인력당 근무량은 48%

줄었고 업무 효율은 22% 올라갔다고 한다. 인공지능이 기초 자료 조사와 문서 초안 작성 등에 걸리는 시간을 단축하면 소속 변호사 수를 늘리지 않고도 사건을 더 수임할 수 있게 되므로 중소형 로펌이나 개인 변호사 상당수는 일감을 구하기 힘들어질 것으로 예상된다.[7]

사교육 시장도 위협받고 있다. 학생들이 교육 업체의 도움을 받지 않고도 궁금한 것을 챗GPT에 직접 물어보고 또 체계적인 학습 지도를 받을 수 있기 때문이다. 특히 외국어 학습 시장의 경우 챗GPT가 빠르게 잠식할 것으로 예상된다. 마이크로소프트 창업자인 빌 게이츠는 인공지능이 인간만큼 훌륭한 가정교사가 될 것으로 주장하고 있다. 지금은 언어 영역이지만 앞으로는 수학 영역까지도 사교육 시장을 대체할 것으로 내다봤다.

4.

각국의 인공지능 개발 전쟁이 치열하다

챗GPT의 출현으로 인공지능의 수준에 관심이 집중돼 있다. 인공지능의 기술을 비교한다는 것은 그리 간단치 않겠지만 일반적으로 인간 뇌의 시냅스와 비슷한 역할인 파라미터(매개변수)의 숫자로 비교한다. 파라미터의 수가 언어 모델의 성능을 결정하는 유일한 요소는 아니고 이보다는 교육 데이터의 품질 및 모델의 아키텍처와 같은 다른 요소도 중요한 역할을 한다.

2022년 말 공개된 챗GPT 3.5는 1,750억 개의 파라미터였지만 2023년 초 출시된 챗GPT 4는 1조 3,000억 개다. 이것은 챗GPT

4가 챗GPT 3.5보다 약 7배 더 크다는 것을 의미한다. 파라미터의 증가로 챗GPT 4는 단어와 개념 사이의 더 복잡한 관계를 학습할 수 있으므로 텍스트 생성, 언어 번역, 질문에 대한 답변을 더 잘 수행할 수 있다. 인간 시냅스(성인 기준 100조~150조 개)의 1%까지 쫓아왔다. 그러니 만약 이 파라미터가 5조~10조 개 이상(인간 시냅스의 5~10%)을 넘어서면 어떤 일이 생기고 또 얼마나 빨리 거기까지 도달할지는 아무도 모른다.

국내 인공지능 수준을 조사하여 발표한 자료는 없지만 영국 조사기관이 발표한 자료에 의하면 한국은 미국, 중국, 캐나다, 이스라엘, 싱가포르에 이어 세계 7위의 인공지능 국가다. 기술개발 역량 자체는 3위고 인프라는 6위다. 그런데 인재는 28위이고 운영 환경은 32위다. 현재 상용화되어 서비스하는 제품이나 서비스의 수준을 보면 어느 정도인지 가늠이 된다. 네이버나 카카오가 2023년 하반기를 목표로 한국어 기반 생성형 인공지능을 발표하겠다고 하지만 아직 이렇다 할 서비스가 별로 없다. 하지만 각 회사 내부에는 인재들로 인공지능팀이 구성되어 있다.

삼성전자, SK텔레콤, KT 등은 인공지능 스피커를 만들어 보급한 것이 전부인 듯하다. 물론 외형으로는 스피커다. 하지만 이 스피커가 연결된 컴퓨터에는 음성인식 기능과 빅데이터 기능이 합쳐져서 이용자의 물음에 해당하는 지식을 음성으로 답하는 수준이다. 음성으로 서비스할 뿐이지 챗GPT에 비하면 질문에 답하는 지식의 범위나 답변의 내용 등에서 수준 차이가 크다.

2022년 국가별 중요 머신러닝 개발 건수와 인공지능 민간 투자 액수

미국	(단위: 건)
미국	16
영국	8
중국	3
캐나다·독일	2
인도·이스라엘·러시아·싱가포르	1
한국	0

미국	(단위: 달러)
미국	473억
중국	134억
영국	44억
이스라엘	32억
인도	32억
한국	31억

(출처: 스탠퍼드대학교 인공지능 인덱스)

　왜 이런 수준의 차이가 날까? 인공지능에 대한 지속적이고도 과감한 연구와 투자가 이루어지지 않았기 때문이다. 더욱이 과거의 인공지능 이론을 답습하는 수준으로 인공지능의 명맥이 이어져 온 것이 현실이다.

　세계 주요 국가의 인공지능 수준과 투자 현황을 조사한 스탠퍼드대학교의 보고서를 보면 한국에서는 2022년 전 세계적으로 인정받을 만한 중요한 머신러닝ML 개발이 한 건도 없었다고 한다. 인공지능을 연구하는 카이스트, 포항공대, 서울대 등 교육기관은 물론 네이버, 카카오, SK텔레콤, KT 등 수많은 국내 기업들이 인공지능 개발에 막대한 돈을 쏟아붓고 있지만 글로벌 경쟁력을 갖추지 못했다는 것이다.

또한 우리나라가 2013년부터 2022년까지 10년간 인공지능에 투자한 누적 투자액은 55억 달러였고 그중 절반은 2022년에 투자되었다. 챗GPT나 '달리DALL-E' 같은 생성형 인공지능에 관한 관심이 높아진 2022년에야 뒤늦게 반짝 투자에 나섰다는 것이다. 더군다나 2022년도에 국회나 정부 부처에서 통과된 인공지능 관련 법안은 한 건도 없었다고 한다. 종합해보면 우리나라의 인공지능에 대한 수준을 짐작해 볼 수 있다.

5.

한국형 인공지능 기술 개발이
시급하다

2023년 4월 과학기술정보통신부는 '초거대 인공지능 경쟁력 강화방안'을 발표했다. 현재 진행 중인 딥러닝의 학습능력·신뢰성 기초 연구 외에도 논리적 리즈닝(인과관계 이해), 편향성 필터링, 모델 경량화·최적화 등 현재 초거대 인공지능의 한계를 돌파하기 위한 기술을 개발할 예정이다. 국산 인공지능 반도체 기반의 고성능·저전력 클라우드를 초거대 인공지능이 활용할 수 있도록 인공지능 반도체 소프트웨어·데이터 가속처리 하드웨어도 개발한다.

인공지능 개발과 활용에 전문화된 글로벌 수준의 인재를 2027년

까지 석·박사 등 정규과정에서 6만 5,000명, 재직자 등 비정규과정에서 13만 2,000명을 양성하는 목표다. 또한 분야별 특화 학습용 데이터와 비영어권 시장 공략을 위해 2027년까지 200종의 빅데이터를 구축한다. 책 15만 권 분량에 달한다. 이와 함께 초거대 인공지능한국어 성능 향상을 위해 고품질의 한국어 응용말뭉치를 2027년까지 130종을 구축할 계획이다. 또한 인공지능의 활용 과정에서 나타난 최신 정보 미반영이나 거짓 답변 등의 한계를 돌파하기 위한 기술을 신규로 추진한다.

문화체육관광부도 '제2차 문화진흥 기본계획(2023~2027년)'을 통해 한국어를 잘하는 챗GPT 개발에 속도를 내고 전통문화 산업을 키우기 위해 브랜드 통합을 추진한다고 발표했다. 그 내용을 보면 한국어를 잘하는 챗GPT를 위해 '한국형 인공지능 언어모델' 개발을 지원하고자 국립국어원과 함께 '국어 말뭉치 구축 중장기 계획'을 수립하고 인공지능 언어모델의 한국어 처리 기술을 고도화하기 위한 고품질 말뭉치를 오는 2027년에 10억 어절까지 확대할 계획이라고 한다.

하지만 문체부의 기본계획은 K-컬처를 더욱 활성화하는 계획으로서 전통문화 육성, 관광산업 육성, 문화예술 체험이나 생활체육등 사회공헌 문화활동, 한국관광공사나 한국콘텐츠진흥원을 통한 K-컬처 확산, 청년문화정책 등 문체부의 기본적인 중장기 계획이다. 그 계획 안에 요즘 유행하는 챗GPT를 생뚱맞게 집어넣어 구색을 갖춘 듯한 느낌이다. K-컬처와 챗GPT가 무슨 관련이 있을까?

챗GPT는 인공지능 기술이며 세계적으로 대규모의 기술 전쟁이 일어나고 있다. 반도체 기술 경쟁은 수출 규모 측면에서 눈에 보이니까 해당 기업은 물론 정부나 국회까지 나서서 수백조 원에 이르는 투자나 지원책을 발표하고 범국가적으로 이슈화를 하고 있다. 반면에 어떻게 보면 반도체보다도 더 파급력이 있을 인공지능 기술 수준에 대해서는 그리 심각하게 취급을 안 하는 것이 현실인 것 같다. 국내에 여러 기관과 기업들이 오픈AI의 챗GPT에 대항하기 위해 한국어를 잘하는 생성형 인공지능을 곧 선보인다고 발표는 했다.

하지만 그 성공 여부는 미지수이다. 자칫 그 수준이 기대에 못 미치면 그 기업 본연의 사업에도 지대한 영향을 끼칠 것이다. 반도체 사업에 투자하듯 챗GPT로 대표되는 인공지능 산업에도 과감한 투자가 필요하다. 이 투자에는 컴퓨터 서버나 디스크를 구입하는 비용도 필요하겠지만 그보다는 지금의 수준 높은 인공지능 기술력을 보유한 우수 인재를 대거 영입하고 육성하는 인적 투자가 더 시급해 보인다.

6.

인공지능 윤리를 고민해야 한다

인공지능은 바둑 외에도 많은 업무용 앱에 내장되면서 응용 분야를 넓혀 왔다. 그 대표적인 것이 알렉사, 빅스비, 누구, 기가지니와 같은 인공지능 스피커다. 일기예보, 뉴스, 음악을 들려주고 가전제품의 전원을 작동하는 등의 음성인식 기능과 인공지능 기능을 활용하여 서비스를 제공하고 있다.

특히 아마존의 경우 알렉사를 통해 모든 타사 가전제품까지도 홈 사물인터넷IoT 표준 '매터Matter'를 이용하여 연결함으로써 단순히 켜고 끄는 기능 외에 인공지능과 클라우드를 활용한 지능화 수준의 서비스까지 지원하고 있다. 예를 들어 전동 칫솔이 알렉사에 무선 사물인터넷으로 연결되어 있다면 하루 3번 칫솔질을 했는지, 한 번에 3분씩 했는지가 자동으로 클라우드에 저장되므로 자녀들이 엄마에게 거짓말을 할 수 없게 된다.

챗봇에도 인공지능 기능이 탑재되고 있어 고객과의 상담을 담당하게 됐다. 그외에도 많은 분야에서 인공지능 활용이 점차 확산되고 있다. 이렇게 일반적인 수준에서 인공지능이 발전되고 사용됐다면 챗GPT의 출현은 지금의 수준을 훨씬 뛰어넘는 경이로운 수준임을 보여준다.

이외에도 인공지능은 광범위한 분야에서 활용되고 있다.

1. 헬스케어 분야

엑스레이나 자기공명영상MRI과 같은 의료 이미지를 분석하여 의사가 질병을 보다 정확하고 빠르게 진단하도록 도울 수 있다. 또한 환자의 위험을 예측하고 개인화된 치료 계획을 지원하며 실시간으로 환자 건강을 모니터링하는 데 사용된다.

2 자율주행 분야

자율주행 자동차, 드론, 운송로봇 등에서 장애물을 피하며 의사결정을 내리는 데 사용된다. 이 기술은 다양한 센서의 데이터를 분석하여 환경을 매핑하고 최상의 경로를 선택하는 방식이다.

3. 고객 서비스 분야

챗봇과 가상 도우미는 고객 서비스를 개선하는 데 점점 더 많이 사용되어 고객 문의에 즉각적이고 자동화된 응답을 제공한다. 간단한 질문에 답하거나 안내하며 예약이나 구매를 할 때 도움을 줄 수 있다.

4. 금융 서비스 분야

사기 탐지, 신용 평가, 알고리즘 거래에 사용된다. 사기 행위와 관련된 패턴을 식별하고 의심스러운 행동에 대해 경고하는 방법을 학습할 수 있다. 또한 시장 추세를 예측하고 최적의 시간에 주식이나 선물 거래를 하는 데 사용된다. '인공지능 신용평가 시스템'은 금융회사에서 대출받은 수십만 명의 데이터를 학습해 부실률을 1% 밑으로 유지할 수 있다. 신용 신청자의 과거 거래 기록, 소득, 재산 등을 분석하여 신용등급을 산정하고 있다. 또한 신용 신청자의 신용위험도를 예측하여 사기 거래를 방지하는 데에도 사용된다.

5. 개인 비서 분야

인공지능은 시리, 알렉사, 구글 어시스턴트와 같은 가상 개인 비서의 핵심기술이다. 자연어 처리와 기계학습을 사용하여 음성 명령을 이해하고 응답하며 작업을 수행할 수 있다.

6. 사이버 보안 분야

사이버 위협을 보다 정확하게 감지하고 보다 신속하게 대응할 수 있다. 네트워크 동작을 분석하고 이상을 감지하고 패턴을 기반으로 잠재적인 위협을 식별할 수 있다.

7. 제조·공급망 분야

생산 일정을 최적화하고, 품질관리 업무를 개선하며, 재고를 관리하고, 가동 중지 시간을 줄이기 위해 장비의 유지와 관리를 예측하는 데 사용된다. 또한 경로와 배송을 최적화하기 위해 물류에서도 퍼트PERT*와 함께 인공지능의 사용이 늘어나고 있다.

8. 농업 분야

농업 환경에서 발생하는 온도, 습도, 바람 등 다양한 기상 데이터를 분석하고 수정, 관개, 해충 방제를 최적화하기 위해 스마트 팜에 사용된다. 인공지능이 장착된 드론은 넓은 지역의 작물 상태를 수시로 모니터링하고 문제를 조기에 식별할 수 있다.

9. 엔터테인먼트 분야

넷플릭스나 스포티파이와 같은 플랫폼 콘텐츠 추천 엔진에 사용되어 사용자의 과거 행동을 기반으로 다음에 무엇을 보거나 듣고

---

* Program Evaluation and Review Technique의 약어로 작업의 순서나 진행 상황을 한눈에 파악할 수 있도록 작성한 것이다.

싶어할지를 예측한다. 또한 비디오 게임 디자인에 점점 더 많이 사용되면서 좀 더 사실적인 캐릭터와 콘텐츠를 생성하고 있다.

10. 기후 모델링 분야
기후 모델을 개선하고 기후 변화의 영향을 관리하는 등 미래 환경 변화를 예측하는 데 사용되고 있다.

많은 기업이 빅데이터를 비즈니스 예측에 활용하고자 하지만 비즈니스에 대한 전문성은 물론 데이터 분석 능력까지도 함께 보유한 전문가를 채용하기란 쉽지 않다. 따라서 데이터 전문 인력이 아니더라도 데이터 분석을 쉽고 편하게 할 수 있는 직관적인 데이터 분석 플랫폼이 등장하고 있다. 인공지능 기반 빅데이터 분석 플랫폼은 기업이 데이터를 수집, 저장, 분석하여 인사이트를 얻을 수 있도록 지원한다. 그럼으로써 신속한 의사결정이 가능하고, 비용을 절감하고, 새로운 제품과 서비스의 출시를 빠르게 할 수 있다. 자연어 처리, 텍스트 마이닝 등 인공지능의 주요 기술이 발달함에 따라 아마존웹서비스, 구글, 마이크로소프트, 클릭은 물론 삼성SDS, LG CNS, SK C&C, 네이버, 카카오 등은 인공지능 기반 빅데이터 분석 플랫폼 서비스를 제공하고 있다. 이 플랫폼은 기업의 규모와 업종에 따라 적합한 데이터와 기능을 선택하여 활용하면 된다.

인공지능 시스템을 설계하고 구현할 때 프라이버시, 편향성, 일자리 대체와 같은 윤리적 영향을 고려해야 한다. 인공지능이 가져올 몇 가지 문제점을 살펴보자.

첫째, 프라이버시 문제다. 챗GPT를 포함한 인공지능 기술은 잠재적으로 편향되거나 차별적이거나 윤리적인 문제를 일으킬 수 있다. 인공지능 활용을 위한 윤리적 지침과 모범 사례를 개발하여 공정성, 투명성, 책임성을 보장해야 한다.

둘째, 데이터 편향성 문제다. 인공지능을 학습하는 데 사용되는 데이터 품질에 따라 인공지능의 수준이 크게 차이가 난다. 편향되거나 대표성이 없는 데이터로 학습한 인공지능은 편향된 답변을 할 수밖에 없다. 다양성과 대표성이 있는 데이터를 수집하여 인공지능을 교육하고 편향을 완화해야 한다.

셋째, 일자리 대체 문제다. 사람이 수행했던 작업이 자동화, 지능화되면서 특정 산업에서 사람의 일자리가 인공지능으로 대체될 수 있다. 변화하는 직업 환경에 적응하고 인공지능 기술로 생겨나는 새로운 기회를 활용하기 위해 인력 재교육을 통해 기술력 향상을 장려해야 한다.

인공지능을 인류의 삶에 도움이 되는 방향으로 활용하기 위해서는 인간의 존엄성과 사회의 공공이익을 우선하고 기술을 목적에 맞게 활용하도록 하는 등 윤리적 가치를 전제로 하는 법과 제도도 필요하다.

3장

빅데이터
수집과 활용이
경쟁력이다

BUSINESS
DIGITAL
REVOLUTION

1.

데이터 문해력을 키우자

　대부분 기업은 잘 정리된 숫자를 보면서 경영한다. 이때 활용되는 데이터는 사내 데이터와 외부 데이터를 가공하여 사내 경영정보시스템이나 경영실적회의시스템을 통해 보여지고 의사결정의 중요한 도구로 활용된다.

　기업 경영에 빅데이터와 인공지능이 널리 사용되는 것처럼 보이지만 실은 그렇지 못하다. 사내 데이터는 불충분하고 외부 데이터는 신뢰도나 적정량에서 한계를 보인다. 제대로 정제가 안 된 데이터garbage data가 대부분이고 데이터를 관리하고 분석하는 데이터와 인공지능 전문가도 사내에 부족한 것이 현실이다. 더군다나 기업 현장의 문제를 데이터에 묻고 데이터에서 답을 찾아야 하는데 지금의 예쁘게 포장된 보고서는 의사결정 자료로 분명히 불충분하다.

예를 들면 기업의 세무회계 시스템은 데이터에 근거해서 명확한 규칙에 따라 가동되고 있는데도 어떤 거래를 어느 계정으로 처리할 것인가에 따라 결산에 영향을 줄 정도이다. 하물며 사내 전 부문에서 쏟아져 나오는 방대한 데이터를 완벽히 모으고 가공하고 분석한다는 것은 절대 쉬운 일이 아니다. 심지어 경쟁사와의 비교 분석자료는 거의 참고자료로만 사용될 미흡한 수준일 것이다.

데이터를 읽고, 데이터로 일하고, 데이터로 의사결정할 수 있는 데이터 소통 능력data literacy을 '데이터 문해력'이라고 한다. 데이터 문해력이 없다면 '데이터 문맹'이다. 기업 의사결정자의 데이터 문맹률은 약 70%에 달한다는 조사가 있다. 많은 데이터를 수집하겠다는 의지는 있지만 데이터를 누가, 언제, 어떻게 활용할지에 대해서는 고민의 수준이 너무 낮다. 매일 마주치는 각종 통계에는 어떤 오류가 있을까? 통계 오류와 착각이라는 관점에서 보면 표본 모집단이 작거나 편향되거나 교란되어 있음으로써 발생하는 허위 상관 오류, 과적합이나 과소적합으로 표본과 실제에서 발생하는 오류, 데이터 수집 과정에서 발생하는 측정 오류 등이 있다.

오류의 예를 들자면 소규모 설문조사로 얻은 결과를 바탕으로 전국적인 행사를 기획한다. 코로나바이러스 감염자 수 집계 시 자발적인 검사에 의존하다 보니 무증상 확진자가 얼마만큼인지 간과한다. 전략 개발 시 성공한 기업만 보고 실패한 기업의 데이터는 무시함으로써 성공 가능성에 대해 낙관적인 판단을 초래한다. 수익이 가장 높은 달이 광고비를 가장 많이 지출한 달임을 확인하면 다른 계절적 요인 등은 무시된 채 광고비를 증액하면 매출이 증가한다는 결론을 유도한다.

데이터 기반 경영을 하기 위해서는 우선 데이터 문해력을 높이기 위한 체계적인 교육이 필요하다. 그러한 분석 교육은 데이터를 기반으로 일하고 판단해야 하는 경영층을 포함한 모든 직원이 대상이다. 또한 현재의 데이터 관리 체계, 즉 수집하고 관리하고 분석하는 체계를 고도화해야 한다. 그러기 위해서는 현재 표준화·자동화 수준에 머무는 시스템과 전사적 자원관리ERP를 다음 단계인 실시간 통찰력과 예측 가능 통찰력을 제공하는 수준으로 업그레이드해야 한다.

기업 경영환경은 더욱 글로벌화되고 신기술 출현으로 신사업 모델이 시장을 빠르게 변화시키고 있는 현 상황에서 인공지능과 데이터에 의한 경영 역량은 최고의 차별화를 가져다줄 것이다.

2.

숫자 데이터만 데이터가 아니다

우리는 세계에서 제일 오래된 목판 인쇄본과 금속활자 인쇄본을 가진 나라다. 『조선왕조실록朝鮮王朝實錄』 『화성성역의궤華城城役儀軌』는 우리 선조들의 찬란한 기록 문화를 웅변하는 산 증거물이다. 국가 차원은 물론 많은 지식인이 지식과 경험을 정리하고 저서를 만들어 공유했다. 김정희, 정약용 등은 유배지에서도 집필을 멈추지 않았다. 그러나 일제강점기와 한국전쟁을 겪으면서 기록의 맥은 단절되고 말았다. 자료는 사용 후 바로 폐기하는 게 관행이 됐다.

책과 같은 아날로그 데이터는 디지털 데이터로 변환해야 컴퓨터를 통해 사용할 수 있다. 서적, 문서, 사진, 소리를 디지털로 저장하고 관리하면서 자료의 데이터화가 시작되었다. 이를 가공해 정보 시스템 등에 활용함으로써 새로운 가치를 창출하고 인공지능 학습에도 활용하고 있다. 뛰어난 인공지능 시스템을 구현하기 위해서는 알고리즘도 중요하지만 양질의 데이터가 축적되어 있어야 한다. 챗GPT는 1,750억 개에 달하는 매개변수를 활용해 데이터를 학습하고 연결했다. 인공지능 골드러시 시대에 들어선 지금 우리나라의 데이터 수집 능력과 인공지능 경쟁력은 어느 정도 수준일까?

과학기술정보통신부의 2021년 보고서에 따르면 국내 데이터 산업 시장 규모는 20조 24억 원으로 미국의 약 7.0%, 유럽연합EU의 16.4% 수준이다. 국내 기업의 빅데이터 도입률은 15.9%에 그친다. 절반이 넘는 기업들이 '쓸 만한 양질의 데이터가 부족하다'고 애로사항을 토로했다.

특히 숫자 데이터만을 데이터라고 생각하는 것은 큰 문제다. 숫자 데이터의 대부분은 거래 데이터로서 문서 데이터보다 정보 가치가 떨어질 뿐만 아니라 개인정보보호 장벽으로 인해 사용에 제한이 많다. 2021년 10월 「데이터 산업진흥 및 이용촉진에 관한 기본법」(약칭 데이터산업법)을 제정하여 데이터의 경제적 가치와 활용성을 높이겠다고 했지만 여전히 걸림돌은 많이 남아 있다.

언어 문제는 글로벌 시대로 진입하는 데 큰 장벽으로 대두된다. 전 세계 80억 명의 인구 중 한국어 사용자는 8,200만 명으로 20위 수준이다. 15억 명 이상이 사용하는 영어에 비하면 한국어로 된 데이터 총량이 절대적으로 부족할 수밖에 없다. 데이터가 부족하고 한글 기반이기 때문에 통번역에도 한계가 있어 인공지능 학습에 충분하지 않다. 챗GPT도 '사용자들에게 좋은 답변을 주려고 노력하지만 저도 언어 능력에는 한계가 있어요.'라고 대답한다. 따라서 데이터 산업 육성과 동시에 데이터의 영어화도 병행해야 한다. 한글만을 강조하면 우리 것을 지킬 수는 있지만 세계 무대에서는 고립될 수 있다. 중국의 동북공정이나 일본의 독도 영유권 주장을 잠재우지 못하는 이유 중 하나도 영어로 된 우리 역사 데이터가 절대적으로 부족하기 때문이 아닐까? 우리 것을 제대로 알리기 위해서라도 영어로 된 문자 데이터를 체계적으로 생성할 필요가 있다.

인공지능 기술력은 여전히 미흡하다. 오픈소스를 활용하면 인공지능을 쉽게 만들 수는 있지만 그 수준은 초급 단계다. 인공지능 수준도 낮고 데이터 수준도 낮다 보니 지능화 시대에 진퇴양난이 아닐 수 없다. 따라서 일률적인 규제에서 벗어나 실질적인 데이터 산업 육성에 힘써야 한다. 활용 가능한 데이터를 생성하고 영어로 만들어 전 세계에 공유할 수 있도록 해야 한다. 학교 교육 현장부터 단답형 암기 방식을 벗어나 서술형과 토론형 수업으로 사고력을 기를 수 있도록 바뀌어야 한다. 또 단기 교육 과정이나 세미나 과정이 아니라 젊은 기술개발자들이 인공지능을 깊이 있게 배울 수 있는 연구개발 전문 교육 과정을 많이 만들어 좋은 인력을 배출하지 않으면 이미 선진국과 벌어진 격차를 따라잡을 수 없을 것이다.[1]

3.

데이터 수집뿐 아니라
활용이 중요하다

2019년 12월 국내 첫 민간 데이터거래소인 'KDX 한국데이터거래소'가 공식 출범했다. KDX는 과학기술정보통신부가 3년간 총 1,516억 원을 투입해 구축하기로 한 분야별 빅데이터 플랫폼 10개 중 하나다. MBN, 삼성카드, CJ올리브네트웍스, SK텔레콤 등 국내 주요 기업이 협력해 구축한 KDX는 유통과 소비 분야 빅데이터 플랫폼으로 출범 첫날 800여 종의 관련 빅데이터가 공개됐다.

KDX가 첫 테이프를 끊은 것을 시작으로 2020년 5월에는 '금융데이터거래소'가 문을 열었다. 데이터거래소에서는 기업들이 보유

금융데이터거래소

(출처: 금융데이터거래소)

한 데이터를 수집하고 분석하는 것을 넘어 이종 데이터의 융합과 가공을 통해 고부가가치 데이터를 생산하고 필요한 기업에 판매한다. 데이터거래소 출범은 낙후된 국내 데이터 산업 생태계를 혁신하고 '데이터 경제'를 실현하는 첫걸음을 내디뎠다는 점에서 의미가 크다.

한국지능정보사회진흥원NIA에서는 공공기관에서 업무상 수집하고 관리하는 제반 데이터와 인공지능 학습에 필요한 데이터의 공개를 촉진하고 있다. 공공기관 데이터란 통계청은 물론 국토교통부 등에서 보유한 데이터로서 일반인이 언제든지 접근하여 사용할 수 있는 데이터가 생각보다 많다.

공공데이터포털[2]에 접속해보면 약 7만 8,500여 건의 데이터 목록이 있고 다양한 서비스 유형과 확장자로 일반인에게 제공하고 있다. 데이터를 보면 아주 기본적인 데이터부터 상당히 가공되고 그래픽화된 데이터까지 다양하다. 이 중에서 국가 중점 데이터는 133종으로 예를 들면 국가통계종합정보, 119 구급정보, 3차원 정밀도로 지도정보, 사물인터넷 기술을 활용한 교통 및 환경정보, 가맹사업거래정보, 가뭄대응정보, 감염병 진료정보 및 치료시설 정보, 건축정보, 경상남도 어린이 통학로 교통안전 정보, 고용보험정보, 교육행정정보, 국고보조금정보, 국민의료정보, 금융회사 자금지원 및 회수내역 정보, 지역사랑상품권 가맹점 정보 등 잘 정비된 다양한 국가 공공데이터를 개방하고 있다.

4.

빅데이터 활용 방법은 무궁무진하다

데이터 규모가 어느 정도 돼야 빅데이터이고 스몰데이터인가라는 말이 있다. 무조건 많은 데이터를 모아야 제대로 활용할 수 있다는 편견이 있다. 실제로는 엑셀에 담을 정도의 데이터로도 훌륭한 분석을 할 수도 있다. 데이터가 다양하고 분량이 크면 좋겠지만 그것보다는 어떤 목적을 갖고 누가 무엇을 분석할 것인가가 더욱 중요하다고 할 수 있다.

빅데이터 애플리케이션의 성공 여부는 데이터 품질, 사용된 알고리즘의 효율성, 결과의 해석과 적용 수준에 달려 있음을 기억해야 한다. 따라서 데이터가 조금이라도 있는 곳이라면 다양한 분야에서 빅데이터를 효과적으로 활용할 수 있는 방법은 무궁무진하다. 몇 가지 사례를 알아보자.

1. 의료 분야

빅데이터를 사용하여 질병 발생을 예측하거나 환자 치료를 더 효율적으로 관리할 수 있다. 예를 들어 실시간 데이터는 의료 제공자가 환자의 요구를 예측하는 데 도움이 될 수 있고 과거 데이터는 질병 추세를 예측하거나 의학 연구를 지원하는 데 도움이 될 수 있다. 또한 게놈 데이터는 질병의 유전적 기초를 이해하는 데 사용될 수 있어 개인 맞춤형 의료의 길을 연다.

2. 소매·전자상거래 분야

기업은 빅데이터를 사용하여 고객의 쇼핑 습관과 선호도를 더 잘 이해할 수 있다. 기업은 대량의 거래와 행동 데이터를 분석하여 개인화된 서비스를 제공하고 마케팅 전략을 개선하고 공급망을 최적화하고 판매를 더 잘 예측할 수 있다.

3. 운송·물류 분야

우버나 리프트와 같은 승차 공유 서비스 회사는 빅데이터를 사용하여 운임 가격을 결정하고 경로를 최적화하며 수요를 예측한다. 물류 회사는 배송 경로 최적화, 비용 절감, 효율성 향상을 위해 빅데이터를 사용한다.

4. 금융 분야

은행과 기타 금융 기관은 빅데이터로 사기 행위를 감지하고 위험을 평가하며 투자 결정을 내리는 데 활용하고 있다. 많은 양의 재무 데이터를 분석함으로써 신용 위험을 나타낼 수 있는 비정상적인 거래를 식별할 수 있다.

5. 농업 분야

빅데이터는 관개를 최적화하고 농작물 질병을 관리하며 농작물 수확량을 극대화하기 위해 정밀농업에 사용되고 있다. 농부는 토양 센서, 날씨 데이터, 위성 이미지 데이터, 농산물 가격 등의 데이터를 사용하여 파종, 수확, 판매에 적절한 시기를 예측하여 농사를 할 수 있다.

6. 에너지 분야

빅데이터를 사용하여 재생 가능 에너지 생산을 최적화하고 수요를 예측하며 에너지 낭비를 줄일 수 있다. 또한 새로운 에너지원을 찾거나 기존 에너지원의 효율성을 극대화하는 데 도움이 될 수 있다.

7. 스마트 시티

스마트 시티의 인프라, 교통, 폐기물, 유틸리티를 관리하는 데도 빅데이터가 사용된다. 도시에서 발생하는 모든 데이터를 실시간으로 취합하여 관련 시스템들을 유기적으로 작동한다면 대중교통 경로를 최적화하고 교통 혼잡을 줄이며 도시 계획을 개선하는 등 시민들이 쾌적하게 도시 생활을 할 수 있을 것이다.

8. 교육 분야

학교는 빅데이터를 사용하여 학생의 성과를 모니터링하고 도움이 필요한 학생을 식별한다. 이를 통해 커리큘럼을 개선하고 학생 개인별 맞춤 지도가 가능하다.

9. 엔터테인먼트·미디어 분야

넷플릭스나 스포티파이와 같은 스트리밍 서비스 회사는 빅데이터를 활용하여 시청 또는 청취 습관을 분석하고 개인화된 콘텐츠를 추천한다. 또한 어떤 콘텐츠를 제작하거나 라이선스를 부여할지 결정하는 데 도움이 되는 트렌드와 이용자 패턴 정보를 파악할 수 있다.

10. 제조 분야

빅데이터는 장비 고장을 예측하고 생산 프로세스를 최적화하며 제품 품질을 개선하는 데 사용된다. 또한 공급망을 관리하고 재고 수준을 최적화하는 데 사용할 수 있다.

챗GPT와 같은 첨단 인공지능 기술의 시대에 접어들면서 빅데이터와 인공지능을 많이 활용하는 데 따른 다양한 도전과 기회에 직면해 있다. 이에 따른 몇 가지 문제점과 해결 방안을 살펴보자.

첫째, 데이터 프라이버시와 보안 문제다. 수집하는 데이터의 양이 증가함에 따라 데이터 프라이버시와 보안에 대한 우려가 제기된다. 민감한 정보에 대한 무단 접속은 개인과 기업에 심각한 결과를 가져올 수 있다. 강력한 데이터 보안 조치를 구현하고 데이터 프라이버시 규정을 준수하여 민감한 정보를 보호해야 한다.

둘째, 데이터 품질과 정확성의 문제다. 품질이 좋지 않은 데이터는 잘못된 분석이나 의사결정으로 이어질 수 있다. 데이터의 품질과 정확성을 보장하는 것이 중요하다. 따라서 데이터 유효성 검사 및 정리 프로세스를 마련해야 한다.

셋째, 데이터 저장과 처리 문제다. 막대한 양의 데이터는 저장과 처리를 위한 상당한 리소스를 필요로 하며 비용이 많이 들고 관리가 복잡할 수 있다. 대용량 데이터를 효율적으로 처리하기 위해 클라우드 기반 솔루션과 같은 확장 가능한 데이터 스토리지와 처리 인프라에 투자해야 한다.

넷째, 숙련된 전문가 부족 문제다. 의미 있는 비즈니스 결정을 내리기 위해 빅데이터를 분석하고 해석할 수 있는 숙련된 전문가에 대한 수요가 증가하고 있다. 교육과 전문가 양성 프로그램을 통해 데이터 분석과 관련 분야의 숙련된 전문가를 육성해야 한다.

4장

기술 혁신이
산업을
재편한다

BUSINESS
DIGITAL
REVOLUTION

1.

지금이 산업 재편의 변곡점이다

 수년 만에 열린 세계가전전시회CES 2023은 코로나19 상황에서 모두가 복지부동하고 있을 때 3차 산업혁명을 완전히 뛰어넘는 4차 산업혁명의 특징인 초지능화 기술의 발전 모습을 보여준 혁신의 전쟁터였다. 전 세계 3,200여 개 기업이 참가했고 그중 우리나라 기업이 550여 개나 됐다. 삼성, LG, SK, 현대, 롯데 등은 큰 부스에서 첨단기술을 선보여 호평을 받았고 스타트업들은 눈부신 기술력으로 혁신상을 휩쓸었다.

 향후 경영의 한 축이 될 ESG나 RE100을 그저 플라스틱 용품 줄이기 정도로 본다면 2차 산업이나 3차 산업 수준의 마인드다. 태양광이나 풍력 발전도 기업은 물론 개인도 캐리어 크기의 자그마한 태양광 패널이나 선풍기만 한 풍력 발전기를 이용하면 친환경 에너지 사용에 동참할 수 있게 됐다.

최대 농기구 업체인 존디어가 선보인 거대 트랙터는 36미터의 살포용 날개에 카메라와 센서를 탑재하고 농작물 사이를 지나가면서 농지와 식물의 생육 상태를 파악해 물과 비료를 공급한다. 이 모든 조작은 자율주행으로 이뤄진다. 이것이 최첨단 ESG 농업 기술이다.

TV 산업은 흑백에서 LCD, LED, OLED로 얼마나 발전했느냐를 놓고 경쟁하곤 했다. 그러나 삼성과 아마존은 가정에 있는 모든 가전제품이 하나의 인공지능에 연결돼 사용자의 생활 패턴에 따라 작동하는 가까운 미래의 모습을 보여줬다.

이번 세계가전전시회CES의 C가 고객Consumer이 아니라 자동차Car라고 할 정도로 배터리와 자율주행 기술을 중심으로 자동차 산업의 밸류체인이 재편되는 모습을 볼 수 있었다. 이는 기존 가솔린 엔진 부품업체들과 기술자들이 수년 내 사라진다는 뜻이다. 전기차가 보편화되면 제로백을 위해 탑재했던 무거운 휘발유 엔진과 내연기관들이 작은 모터, 배터리, 인공지능 소프트웨어로 대체된다. 지금까지 휘발유 엔진 회사들이 자동차 산업을 이끌었다면 이제는 자율주행 전기차로의 전환에 사활이 걸려 있다. 기존 독일 기업을 필두로 한 진입장벽을 일순간에 뛰어넘을 기회가 온 것이다.

대형 건설 현장이나 물류센터에 사용되는 트럭, 지게차, 운반기구의 자율주행도 인상 깊었다. 캐터필러의 초대형 100톤 트럭과 지게차는 무인 자율주행으로 운행된다. 수십 대의 트럭과 지게차가 인공지능이 지시한 명령대로 24시간 운행된다면 생산성은 기하급수적으로 늘어날 것이다.

그간 보안 분야에만 활용된 홍채 인식을 한국의 벤처기업이 건강 모니터링 솔루션에 적용해 혁신상을 받았다. 홍채 분석만으로도 채혈에서 얻는 정보는 물론 뇌 건강까지 진단할 수 있고 그 결과가 클라우드에서 관리된다는 것이다. 또 변기와 매트리스 등에 부착된 센서들이 실시간 건강 상태를 분석하는 원격의료의 새로운 장을 보고 나니 연례행사로 받던 건강검진을 대체할 날도 얼마 남지 않은 것 같다.

레고는 자폐아가 흥미를 느끼면서 자기를 표현할 수 있게 사물인터넷 기술을 활용한 제품을 내놓았고 의료·헬스케어 기업들은 인구의 50%가 실버 세대가 되는 2050년을 준비하며 치매 노인이 옆 사람을 만지면 전류를 감지해 악기 소리가 나는 제품 등을 선보였다.

미국소비자기술협회CTA 스티브 코니그 부사장의 기조연설처럼 기술 혁신은 인류가 직면한 경기 침체 위기를 극복할 수 있는 지렛대 역할을 할 것이다. 기술 혁신이 인류의 발전과 기업의 영속성에 필연적인 요소임을 세계가전전시회CES 2023에서 다시금 확인했다. 과거 아날로그에서 디지털로 진화하면서 기업 생존의 명암이 갈렸던 때처럼 지금이 바로 산업 재편의 변곡점이다.[1]

2.

디지털 방식으로 과감하게
전환하자

산업별로 최신 제품을 선보이는 전시회와 세미나가 국내외에서 많이 열리고 있다. 대표적으로 세계 3대 IT 전시회로는 독일에서 개최되는 베를린 국제가전박람회IFA, Internationale Funkausstellung, 스페인에서 개최되는 모바일 월드 콩그레스MWC, Mobile World Congress, 그리고 미국 라스베이거스에서 개최되는 세계가전전시회 CES, Consumer Electronics Show가 있다. 전시회에 참가하는 목적으로는 신제품을 출시하고 고객의 반응을 확인할 수 있고, 잠재 고객을 발굴하고 영업 기회를 창출할 수 있고, 브랜드 인지도를 높여 기업

이미지를 높일 수 있고, 경쟁사 동향을 파악하고 시장 정보를 얻을 수 있기 때문이다.

세계 최대 규모의 IT 전시회는 매년 1월 미국 라스베이거스에서 개최되는 세계가전전시회CES이다. 1967년 가전쇼로 시작하여 과거에는 세탁기와 냉장고 등 가전제품들이 출품됐다. 그러다가 휴대폰 전성기를 거쳐 2010년대 이후부터 첨단 IT 기기들이 주류를 이루었다. 2023년에는 전기차와 자율주행차가 대세를 이루고 있으며 항공, 우주, 식품, 해양 등의 분야까지 확장되었다.

코로나19가 유행하기 전에 개최된 세계가전전시회CES 2020의 5대 트렌드는 다음과 같았다.

1. 가전, 자동차, 5G로의 초연결
2. 자동차 회사의 개인용 비행체
3. 더 똑똑해진 인공지능 비서
4. 사물인터넷 스마트홈의 진화
5. 8K, 마이크로 LED 대중화

세계가전전시회CES 2023에서는 '모든 IT의 중심에 사람이Be the one in the middle of IT all'라는 슬로건과 함께 '모두를 위한 인간 안보 Human Security for All' 등을 내세웠다. 최첨단 신기술을 인간의 생활을 윤택하게 하고 지구 환경을 지키는 데 사용하고자 하는 콘셉트가 신선하고 가치가 있어 보인다. 5대 트렌드는 다음과 같다.

1. 스마트 라이프
2. 모빌리티
3. 헬스케어
4. 웹3.0·메타버스
5. ESG

세계가전전시회CES 2024에서는 뷰티 기업인 로레알이 기조연설을 한다. 로레알이 지속적인 기술 혁신을 통해 어떻게 물리적, 디지털적, 그리고 가상의 비즈니스 미래를 준비할 수 있는지 보여준다. 이렇게 세계가전전시회CES는 해를 거듭하면서 기술을 통해 혁신을 이룩한 다양한 산업군의 기업이 참여한다.

세계가전전시회CES와 쌍벽을 이루는 전시회로는 매년 2월 스페인 바르셀로나에서 개최되는 모바일 월드 콩그레스MWC가 있다. 2023년에는 5G, 인공지능, 사물인터넷, 자율주행차 등 최신 기술을 선보였다. 특히 많은 기업이 이번 행사의 주요 주제 중 하나인 5G를 기반으로 한 새로운 제품과 서비스를 선보였다. 또한 이미 우리 생활에 깊숙이 들어온 인공지능과 사물인터넷을 활용한 다양한 제품과 서비스가 소개됐다. 자율주행차는 아직 개발 초기 단계에 있지만 이번 행사에서는 자율주행차를 구현하기 위한 다양한 기술과 제품이 소개됐다. 이번 전시회에서 삼성전자는 약 1,000평 규모로 가장 큰 부스를 마련하고 5G, 인공지능, 사물인터넷, 자율주행차 등 다양한 최신 기술을 선보였다. 그다음으로 부스가 컸던 기업은 화웨이, 애플, LG전자, 퀄컴, 인텔, 소니, 엔비디아, ZTE, 노키아 등이었다. 이들 기업이 발표한 기술들은 우리 삶을 더욱 편리하고 풍요롭게 만들 것으로 기대된다.

베를린 국제가전박람회IFA는 1927년부터 개최된 세계 최대 규모의 가전 전시회로서 매년 9월 초 독일 베를린에서 개최된다. 2022년에는 1,800여 개 기업이 참가하여 1,700여 개의 신제품을 선보였다. 전 세계 가전, 통신, 신기술 업체들이 사물인터넷, 인공지능, 가상현실, 5G, 친환경 등을 주요 트렌드로 하여 첨단 TV, 냉장고, 세탁기, 에어컨, 오디오, 스마트폰, 게임기 등을 출품했다.

신기술을 소개하는 이러한 전시회를 보면 과거의 아날로그적인 생각이나 기술은 과감히 디지털 방식으로 진화되어야 하고 신기술이 산업을 재편할 것이라는 확신이 든다. 예를 들어 기존 가솔린차는 전기차로 빠르게 대체되고 있다. 가솔린차 부품을 만드는 업체나 전국에 산재된 정비업체들도 전기차에 맞게 빠르게 자동차 산업이 재편되어야 함을 의미한다. 전기차로 바뀔 경우 부품이 기존 가솔린차 대비 37% 정도만 있으면 되고 그 용도도 다르므로 완전한 산업 재편과 인력 교체가 눈앞의 현실로 다가오고 있다.

2050년이면 전 세계 인구의 50%가 노년층이 됨에 따라 실버산업이나 의료산업이 IT와 접목되면서 헬스케어산업과 바이오산업으로 발전하고 있다. 센서가 실시간으로 건강 상태를 파악하고 분석하고 의료기관이나 구호기관과 연결되는 즉시 조치 가능 제품들이 대거 선을 보였다. 이뿐만이 아니라 노인이나 심약자의 생활을 편리하

CES 2023년 5대 트렌드

무엇보다도 많은 제품이 ESG, RE100을 표방하고 있다. 지구의 환경문제를 해결하고자 하는 노력이 제품 개발에도 반영되어 좋은 이미지를 얻고 있다. 태양광이나 풍력 발전 제품과 친환경 농업 기술 등이 이에 해당되며 물 절약이 가능한 관개수로 솔루션까지도 ESG를 실천한다는 것을 표방하고 있을 정도다.

글로벌 캠페인 'RE100 이니셔티브'에는 전 세계 350여 개 기업이 가입했다. 국내 기업으로는 LG전자, SK하이닉스, 삼성SDI, 포스코, 현대차, KT, 네이버 등 10여 개 기업이 가입되어 있다. 'LG전자'의 경우 2030년 60%, 2040년 90%, 2050년 100% 순으로 재생에너지 전환 비율을 확대하고 탄소배출량을 줄이기 위해 노력하고 있다.

3.

IT 기술이 스마트 라이프를 이끈다

IT는 스마트 라이프를 가능하게 하고 향상시키는 데 중요한 역할을 한다. 스마트 라이프는 IT의 힘을 활용하여 우리의 일상을 보다 편리하고 효율적이며 모든 사물이 연결되도록 만드는 것을 목표로 한다.

삼성전자는 '스마트 싱스Smart Things'를 주제로 하여 스마트홈 플랫폼을 구현했고 아마존은 '더 많은 가능성More Possibility'을 주제로 하여 알렉사를 통해 모든 가전제품을 연결하고 조작할 수 있는 환경을 선보여 인간의 삶의 질 향상은 물론 에너지 사용 감소 등 친

삼성전자의 스마트 싱스

(출처: 삼성전자)

환경을 강조했다.

삼성전자와 아마존은 초연결 홈 사물인터넷을 통해 이용자 편익 증진 기술, 무선 디스플레이 기술, 장애 극복 기술, 인간 증강 기술을 선보였다. 홈 사물인터넷 표준 매터를 첫 적용하여 글로벌 가전 연합체를 시연했다. 다시 말해 제조사가 각기 다른 TV, 세탁기, 냉장고는 물론 전동칫솔 등 모든 가전제품에 매터Matter를 표준으로 채택함으로써 사물인터넷망에 쉽게 접속할 수 있게 된 것이다.

IT 기술이 스마트 라이프에 적용되는 사례를 살펴보자.

1. 스마트홈

사물인터넷을 통해 다양한 홈디바이스의 자동화와 제어가 가능해진다. 사용자는 스마트폰이나 음성 명령을 사용하여 가전제품,

아마존의 더 많은 가능성

(출처: 아마존)

조명, 보안 시스템, 온도 설정 등을 원격으로 모니터링하고 관리할 수 있다. 아마존 알렉사나 구글 어시스턴트와 같은 가상 비서와 통합하여 스마트홈의 편의성과 핸즈프리 제어가 더욱 향상됐다.

2. 웨어러블 기기

스마트 워치, 피트니스 트래커, 건강 모니터링 기기와 같은 웨어러블 기기에도 IT 기술이 활용된다. 신체 활동, 심박수, 수면 패턴 등과 관련된 데이터를 수집하고 분석하고 개인화된 정보를 스마트폰 또는 클라우드 플랫폼과 동기화하여 진행 상황을 추적함으로써 건강과 웰니스라는 목적을 지원한다.

3. 스마트 시티

IT 기술을 적용하여 도시 관리 시스템을 서로 연결하고 통합함으로써 도시 생활을 최적화한다. 스마트 시티의 범위에는 개별로 운영되고 있는 도시 관리 시스템에서 사용하고 있는 모든 센서, 네트워크, 데이터 분석 등을 통합하여 인프라 관리, 운송, 에너지 효율성, 폐기물 관리, 공공 안전 등을 향상하는 것 등이 포함된다. 예를 들어 도시 관리 시스템 중 하나인 스마트 교통 관리 시스템은 실시간 교통 흐름 데이터를 기반으로 신호 타이밍을 실시간으로 조정해 혼잡을 줄이고 이동 시간을 단축할 수 있다.

4. 전자상거래·배송 서비스

IT 기술은 우리가 쇼핑하고 주문한 상품을 받는 방식을 변화시켰다. 온라인 마켓플레이스, 모바일 앱, 첨단 물류 시스템을 통해 상품을 원활하게 검색하고 주문하고 배송받을 수 있게 됐다. 인공지능은 라스트마일 배송에서 구매자 요청사항, 경로 최적화, 사기 탐지 등에 사용된다.

5. 건강·원격의료

원격의료·헬스케어 플랫폼에도 IT 기술이 활용된다. 몸에 부착된 장치를 통해 건강 상태가 모니터링됨은 물론 침대 시트에 내장된 센서나 변기에 부착된 센서 등을 통해 건강 데이터가 수집되고 의료 전문시스템을 통해 실시간으로 건강 상태를 피드백 받을 수 있다. 환자와 의사가 화상을 통해 진료가 가능해지며 전자건강기록EHR과 건강 데이터 분석을 통해 더욱 향상된 진단과 개인화된 치료가 가능해진다.

6. 스마트 에너지 관리

IT 기술은 에너지 소비를 최적화하고 지속 가능한 환경 생태계를 유지하는 데 기여한다. 스마트 계량기, 에너지 모니터링 시스템, 홈 자동화를 통해 사용자는 에너지 사용을 추적하고 제어할 수 있다. 재생 가능 에너지는 스마트 그리드 기술을 통해 통합 관리되므로 배전과 로드 밸런싱이 더 잘 이루어질 수 있다.

7. 교육·온라인 학습

온라인 학습 플랫폼, 가상 교실, 대화형 교육 도구에 IT 기술이 활용되어 교육 부문에 혁명을 일으켰다. 학생들은 자료를 이용하고 공동 프로젝트에 참여하며 교사로부터 개인화된 피드백을 받을 수 있다. 인공지능으로 구동되는 적응형 학습 시스템은 학생의 수준에 맞게 교육 콘텐츠를 조정함으로써 학습 경험을 향상시킬 수 있다. 특히 최근 대두된 챗GPT는 온라인 교육시장에서 새로운 역할과 가치를 인정받게 될 것이다.

지금까지 언급된 사례들은 IT 기술이 스마트 라이프에 어떻게 적용되는지 보여주는 몇 가지 사례에 불과하다. 인공지능, 빅데이터, 사물인터넷 등 IT 기술의 지속적인 발전으로 우리의 삶은 더욱 스마트해질 것이다.

4.

새로운 비즈니스들이 만들어지고 있다

새로운 디지털 기술은 새로운 비즈니스를 창출하고 기존 산업을 변화시키는 데 중요한 역할을 한다. 이러한 기술을 통해 혁신적인 비즈니스 모델을 구현하고 운영을 간소화하며 고객 경험을 향상하고 새로운 시장을 개척할 수 있다. 새로운 디지털 기술이 새로운 비즈니스를 출현시키는 몇 가지 사례를 살펴보자.

1. 전자상거래·온라인 마켓플레이스

아마존, 알리바바, 이베이와 같은 전자상거래 플랫폼의 부상은 소매 산업에 혁명을 일으켰다. 이러한 플랫폼은 판매자가 전 세계 고객에게 쉽게 도달할 수 있고, 구매자가 다양한 제품을 편리하게 쇼핑할 수 있는 디지털 시장을 제공한다. 전자상거래의 등장으로 온라인 결제 시스템, 물류·배달 업체, 디지털 마케팅 에이전시 등 다양한 부가 산업이 생겨났다.

2. 공유 경제

에어비앤비, 우버와 같은 디지털 공유 플랫폼은 P2PPeer to Peer 자산 공유를 촉진하여 기존 산업을 혼란에 빠뜨렸다. 공유 경제는 숙박시설이나 교통수단 등과 같이 개인이 여유 있는 자신의 자산을 필요로 하는 타인에게 잠시 대여하여 수익화하는 것에서 출발하여 공유 플랫폼, 서비스 애그리게이터, 신뢰와 검증 서비스에 중점을 둔 비즈니스의 성장으로 이어졌다.

3. 핀테크

핀테크 회사는 디지털 기술을 활용하여 혁신적인 금융 서비스와 솔루션을 제공한다. 이러한 비즈니스로는 온라인 뱅킹, 모바일 결제 앱, P2P 대출, 로보어드바이저 서비스, 가상자산 거래소 등이 있다. 핀테크는 전통적인 금융기관에 도전하고 금융 포용성과 접근성을 위한 새로운 기회를 창출했다. 금융기관의 창구를 거치지 않고도 금융 서비스를 제공하는 것은 기본이며 소액 대출은 앱을 통해 몇 분 만에 처리가 가능하다. 이러한 핀테크 기술이 가능한 것은 빅데이터와 인공지능을 활용한 개인 신용도 평가 시스템이 있기 때문이다.

4. 디지털 콘텐츠 제작·스트리밍 서비스

유튜브, 넷플릭스, 스포티파이와 같은 플랫폼은 기존 미디어 환경을 혼란에 빠뜨렸다. 콘텐츠 제작자는 기존 제작사와 유통사를 거치지 않고도 디지털 채널을 통해 직접 전 세계 시청자에게 다가갈 수 있는 길이 마련됐기 때문이다. 이로 인해 콘텐츠 제작, 인플루언서 마케팅, 디지털 권한 관리, 스트리밍 서비스를 중심으로 새로운 비즈니스가 등장했다.

5. 게임

콘텐츠 산업 중에서 게임은 많은 개발자와 사용자가 몰리는 산업이다. 기법 또한 단말기, 서버, 클라우드 등 IT의 발전에 따라 가장 최첨단 기술을 사용하는 분야이기도 하다. 좋은 시나리오와 개발자가 있어야 함은 물론이고 큰 비용과 개발 기간이 소요되므로 사업 안목이 있는 경영진과 투자자가 한 몸이 되어 움직이는 냉혹한 사업 분야이다. 국내에서 3N이라고 불리는 넥슨은 데카콘 기업(기업 가치 10조 원)이 됐으며 엔씨소프트와 넷마블은 유니콘(1조 원)을 넘어섰다.

6. 인공지능·데이터 분석

기업은 인공지능과 데이터 분석 기술을 통해 통찰력을 얻고 프로세스를 자동화하며 의사결정을 향상할 수 있다. 스타트업은 인공지능을 활용하여 챗봇, 가상 비서, 추천 엔진, 예측 분석 솔루션을 개발하고 있다. 이러한 기술은 의료, 금융, 고객 서비스, 제조와 같은 산업 전반에 적용된다.

7. 사물인터넷

사물인터넷은 기계 장치들을 연결하여 다양한 도메인에서 데이터를 수집하고 교환할 수 있게 하는 기술이다. 사물인터넷으로 인해 스마트홈, 웨어러블 장치, 산업 자동화, 자산 추적, 스마트 시티와 같은 솔루션 비즈니스가 생겨났다. 사물인터넷 기술을 활용함으로써 자산 활용을 최적화하고 효율성을 높이며 전반적인 운영을 크게 향상할 수 있다.

8. 블록체인·가상자산

비트코인, 이더리움과 같은 가상자산으로 유명해진 블록체인 기술은 분산되고 안전한 거래의 가능성을 보여준다. 스타트업은 공급망 관리SCM, 디지털 신원 확인, 탈중앙화 금융DeFi, Decentralized Finance, NFT 사업, 데이터의 안전한 공유와 같은 영역에서 블록체인 기술을 활용하고 있다.

디지털 기술을 활용한 신 사업

- 자동차: 테슬라
- 교통: 우버, 타다, 카카오택시
- 영상: 유튜브, 넷플릭스
- 광고: 네이버, 카카오
- 유통: 쿠팡, 컬리
- 금융: 카카오뱅크, 네이버뱅크, 토스
- 플랫폼: 아마존, 알리바바

고객경험과 디지털 기술이 신 사업을 만든 사례

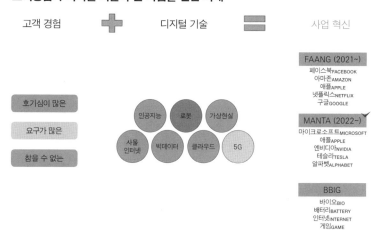

9. 통신 기술

6G는 아직 개발 초기 단계에 있으며 2025년경에 상용화될 것으로 예상된다. 현재 우리가 주로 쓰는 4G인 LTE는 최대 속도가 1Gbps(초당 125MB 전송)이고 5G는 10Gbps다. 이에 비해 6G는 5G보다 100배 빠른 속도와 1,000배 더 많은 용량을 제공할 것으로 예상되므로 스마트 시티, 자율주행 자동차, 가상현실, 증강현실

과 같은 새로운 기술의 발전이 가속화되고 새로운 비즈니스가 탄생할 것으로 기대된다.

디지털 기술 기반으로 산업과 시장의 밸류체인을 혁신한 기업의 면모를 보면 발명품 정도의 새로운 비즈니스 모델이라기보다는 기존 사업에 디지털 기술을 접목함으로써 새로운 비즈니스 모델을 만든 사례가 대부분이다. 특히 고객 경험과 디지털 기술을 접목하여 사업 혁신을 이룬 것이다.

기술이 계속 발전함에 따라 기업가와 혁신가가 디지털 혁신을 활용하는 새로운 비즈니스를 만들어냄으로써 기존 산업을 큰 혼란에 빠뜨림과 동시에 새로운 산업의 발전을 견인하고 있다.

5.

비즈니스 모델을
계속 수정하고 보완하라

사업을 추진하는 방법과 유형은 시대별로 발전을 거듭했다. 1960~1970년대에는 무엇보다도 가격 경쟁력이 있어야 사업을 할 수 있었고 1980~1990년대에는 가격도 중요하지만 품질이 우수해야 팔렸다. 2000년대에 들어서서는 소득 수준이 높아지고 글로벌화가 진행되면서 다른 것과 차별화된 제품을 찾게 됐다. 가방을 예로 들면 물건을 담는 기능은 같지만 가성비 높은 제품보다는 가격이 비싸더라도 남들과 차별화된 유명 브랜드의 명품백을 원하는 것과 같은 이치다.

어느 계층을 대상으로 어떤 제품을 어떻게 만들어서 어떻게 판매할 것인지를 잘 정리하면 이것이 바로 비즈니스 모델이 될 수 있다. 비즈니스 모델은 제품 또는 회사를 생존하게 하고, 회사가 어떻게 운영되고 수익을 창출하며 목표를 달성하려는지 그 방법을 설명하는 개념적 구조이다. 모든 비즈니스의 프로세스와 정책은 비즈니스 모델의 필수적인 부분이다. 비즈니스 모델은 수익원, 대상 고객, 제품, 자금 조달에 관한 세부 정보를 식별하는 청사진이다. 여기에 남들보다 경쟁력을 가질 수 있는 차별화 요소가 무엇인지를 찾아내고 그것을 달성하기 위한 혁신 요소를 더하면 제대로 된 비즈니스 모델이 완성된다.

하지만 그렇게 심사숙고하여 만든 비즈니스 모델이라도 사업적으로 성공한다는 보장을 할 수 없으므로 실행하면서 지속적으로 수정하고 보완해야 한다. 비즈니스 모델은 고객에게 줄 수 있는 가치, 가치를 전달하는 활동, 수익을 창출하는 구조를 통합적으로 새롭게 구축하는 것이다.

일반적인 비즈니스 모델의 사례를 몇 가지 살펴보자.

1. 직접 판매 모델

회사가 중개자 없이 고객에게 직접 판매하는 가장 일반적인 모델 중 하나다. 대표적인 예로 델 컴퓨터를 들 수 있다. 대부분 경쟁업체가 소매업체를 통해 컴퓨터를 판매하고 있을 때 고객에게 직접 컴퓨터를 판매하는 비즈니스 모델이다.

2. 프랜차이즈 모델

시장에서 우수한 실적과 신뢰할 수 있는 이름을 가진 회사에서 활용한다. 가맹점으로부터 일정 금액을 받고 비즈니스 모델과 브랜드를 사용할 수 있는 권리를 부여한다. 맥도날드, 파리바게트, CU 등이 대표적인 프랜차이즈 모델이다. 국내에 있는 스타벅스는 점포는 많지만 본사에서 직접 직영하므로 프랜차이즈 모델이 아니다.

3. 구독 모델

제품 또는 서비스에 대해 요금을 반복 청구하는 모델이다. 사용자가 영화나 TV 프로그램을 시청하기 위해 월간 구독료를 지불하는 넷플릭스가 대표적이다.

4. 프리미엄 모델

기본 서비스는 무료로 제공하고 프리미엄 기능에 대해서만 요금을 부과하는 모델이다. 무료 음악 스트리밍 서비스를 제공하지만 광고 없이 청취하려면 요금을 지불해야 하는 스포티파이가 대표적이다.

5. 시장 모델

구매자와 판매자를 연결하고 거래를 촉진하면서 거래 금액의 일정 비율을 청구하는 모델이다. 이베이, 아마존, 네이버 등이 대표적이다.

6. 광고 모델

콘텐츠 또는 서비스를 무료로 제공하고 광고를 통해 수익을 창출하는 모델이다. 구글이나 메타 같은 온라인 플랫폼이 대표적이다.

7. 데이터 판매 모델

데이터를 수집하여 시장조사 또는 광고와 같은 다양한 목적으로 사용하고자 하는 다른 회사에 판매한다. 국내외에서 데이터 판매를 하는 닐슨과 같은 회사를 예로 들 수 있다.

8. 서비스형 소프트웨어SaaS, Software as a Service 모델

고객이 직접 소프트웨어를 설치하거나 유지하거나 관리할 필요 없이 구독 기반으로 소프트웨어를 사용할 수 있는 모델이다. 마이크로소프트 오피스 365, 어도비 크리에이티브 클라우드가 대표적이며, 대형 전사적 자원관리 시스템인 SAP도 서비스형 소프트웨어 형태의 클라우드 서비스를 개시하였다.

9. P2P 모델

특정 제품이나 서비스가 필요한 사람과 이를 제공할 수 있는 사람을 직접 연결한다. 빈방이 있는 사람과 숙소를 찾는 사람을 연결하는 에어비앤비와 개인 간 중고 제품을 사고팔 수 있는 당근마켓이 좋은 사례다.

사업이 성공적으로 진행되기 위해 많은 고려사항을 검토하면서 사업에 가장 적합한 비즈니스 모델을 선택하는 것은 회사의 성공 가능성에 큰 영향을 미치는 중요한 결정 사항이다. 비즈니스 모델이라고 하면 대부분 스타트업이나 벤처업체가 사업을 시작할 때 고민하는 영역 정도로만 생각하는 경향이 있다. 하지만 기존 업체들도 사업 초기에 설정한 비즈니스 모델을 지속하는 경우도 있고 상황에 따라 또는 사업의 성숙 단계에 따라 비즈니스 모델을 계속 변화해 갈 수도 있다.

5장

누가 미래의
지배자가
될 것인가

BUSINESS
DIGITAL
REVOLUTION

1.

IT 기반 기술을
갖고 있어야 한다

2019년 한일관계가 악화되어 일본 정부가 반도체, 배터리, 자동차 부품 등 제조업의 근간이 되는 핵심 소재, 부품, 장비에 대한 한국 수출 규제 조처를 내리면서 국내 산업이 큰 혼란을 맞았다. 당시 우리 정부는 '소부장(소재·부품·장비) 자립'을 선언하고 대대적인 기술 개발과 관련 기업 육성책을 발표했다. 그러나 수년이 지난 지금 긍정적인 평가보다는 여전히 기술 자립도 못 하고 있고 전문인력 양성도 기대치에 못 미친다는 평가를 받고 있다.

이는 비단 소부장 분야에만 국한된 현상이 아니다. 과거 IT라고 하면 컴퓨터 소프트웨어와 하드웨어를 일컬었는데 서버 국산화와 운영체계os 국산화를 추진하여 세계 시장에 진출하려는 부단한 노력을 한 적도 있었다. 그런데 이제는 그마저 존재감도 없이 IT 기반 기술 분야는 불모지나 다름없이 황폐해졌다. 많은 유니콘 기업이 나타나고 있지만 대부분이 쇼핑몰, 배달, 게임 관련이다. 우리 스스로가 기반 기술을 갖고 있지 않은 상태에서 비즈니스 모델만 발전하는 사상누각의 형국이다.

미국이 왜 화웨이를 강력히 견제하는가? 통신장비, 서버 등 IT 기기를 많이 만들어서라기보다는 소프트웨어와 하드웨어에서 최첨단 기술력을 보유하고 있기 때문이다. 그리고 이들 첨단 기기들을 전 세계 나라에 저가 또는 무상으로 공급함으로써 전 세계 통신 분야를 장악할지 모른다는 두려움 때문이다. 실제로 거미줄같이 연결된 인터넷망에 아주 우수한 통신장비가 설치되면 그 기기를 통해 전송되는 모든 정보를 아무 흔적도 안 남기고 차곡차곡 빼내 갈 수 있다. 그래서인지 중국에서도 미국 마이크로소프트의 워드나 엑셀 등은 사용하지 않는다. 구글이나 아마존 등도 사용을 제한한다. 이 또한 소프트웨어 내에 탈취 기술이나 오작동 기술 등 어떤 첨단기술이 반영되어 있는지 모르기 때문이다. 결국 국가가 보유한 IT 기술력은 강대국, 경제대국으로 성장할 수 있는 기틀이 되며 소리 없는 경제 전쟁의 무기가 되는 것이다.

그러면 우리나라는 왜 IT 기반 기술력을 갖고 있지 못하는 걸까? 우선 정부나 기업이 기초기술에 투자하기보다는 당장 상업화하기 위한 응용기술만 지원하고 있기 때문이다. 학교에서도 깊이 있는 학문이 아니라 취업을 위한 기술 정도만을 가르치고 있고 특정 학과의 경우 정원을 늘리더라도 가르칠 교수진이 없다. 기술개발용 투자 지원금이 제대로 사용되고 있는지 기술 벤처를 인증하는 심사 기준과 절차도 개선되어야 한다.

이런 현상이 두드러지게 나타나는 IT 산업군 중 하나가 클라우드 산업이다. 현재 클라우드 산업은 외국계 회사가 초대형 전산 센터를 구축하면 우리 기업들이 일정 사용료를 내고 소프트웨어와 하드웨어를 빌려 쓰는 실정이다. 그러다 보니 소프트웨어와 하드웨어를 만드는 것은 언감생심 엄두도 못 내고 있다. 서버용 소프트웨어나 기업용 소프트웨어를 만드는 것조차도 외국계 소프트웨어 기업들에 자리를 내어준 지 오래다. 그야말로 월세를 사는 것과 다름없어서 외국 기업이 구축한 클라우드 산업의 생태계 안에 완전히 종속될 수밖에 없는 안타까운 현실이다.

인터넷 세상을 넘어 가상의 메타버스 세계, 자율주행 자동차가 다니는 완전 자동화 세계, 우주를 개척하는 우주 경쟁 세계에서 가장 기반이 되는 것은 단연 IT 기술력일 것이다. 반도체나 소부장만 볼 것이 아니라 IT 전반의 경쟁력을 다시 논할 시점이다.[1]

2.

원천기술 없이 IT 강국이 될 수 없다

우리나라는 1990년대 초반부터 IT 산업에 집중 투자를 해왔고 그 결과 세계적인 IT 강국으로 자리매김했다. 몇몇 지표를 보면 우리나라는 여전히 IT 강국이다. 세계에서 가장 빠른 인터넷 속도와 높은 스마트폰 보급률을 자랑하며 IT 산업에서 세계적인 경쟁력을 갖추고 있기 때문이다. 또한 우리나라의 IT 기업들은 세계적인 IT 기업들과 경쟁하며 제품과 서비스를 전 세계에 수출하고 있다. 우리나라가 IT 강국임을 나타내는 요인은 다음과 같다.

1. 세계에서 가장 빠른 인터넷 속도

우리나라는 세계에서 가장 빠른 인터넷 속도를 자랑한다. 우리나라의 평균 인터넷 속도는 2022년 기준으로 294.5Mbps로 세계 평균 속도(110Mbps)의 약 2.7배에 달한다. 빠른 인터넷 속도는 IT 산업 발전에 큰 도움이 되는 강력한 인프라이다.

2. 높은 스마트폰 보급률

우리나라는 세계에서 가장 높은 스마트폰 보급률을 자랑한다. 우리나라의 스마트폰 보급률은 2022년 기준으로 100%에 달한다. 높은 스마트폰 보급률 또한 우리나라의 IT 산업 발전에 큰 도움이 되는 인프라이다.

3. 세계적인 IT 기업

우리나라에는 삼성전자, SK하이닉스, LG전자, 네이버, 카카오 등 세계적인 IT 기업이 많다. 이 기업들은 IT 제품과 서비스를 전 세계에 수출하고 있다.

4. IT 인재 및 연구개발 투자

우리나라는 신기술을 개발하고 운영하는 IT 인재가 많고 IT 연구개발에 매년 많은 예산을 투자하고 있다.

이러한 요인들로 인해 우리나라는 IT 강국으로서 위상을 유지하고는 있지만 글로벌 경쟁의 관점에서 본다면 날로 치열해지는 신기술 개발 경쟁과 신사업 모델에서 뒤지고 있다. 기술 특허건수도 적을 뿐만 아니라 특허가 건수 위주로 관리되고 있어 특허의 내용 면에서도 부실한 경우가 많다. 또한 신기술 개발에 천문학적인 투자가 수반되는 점, 우수 인재가 국내를 떠나 해외로 유출되고 있다는 점, 혁신적인 기술이나 비즈니스 모델이 법과 제도의 뒷받침을 못 받는 점 등을 고려한다면 더 노력해야 한다.

반도체에서는 원천기술을 가진 일본이 소재, 부품, 장비에 대한 한국 수출을 규제하면서 어려움을 많이 겪었다. 최근에는 미국이 자국의 반도체 산업을 육성하기 위해 중국, 한국, 대만 등 반도체 제조국을 압박하고 나섰다. 설상가상 경기 침체까지 겹치면서 우리나라의 최대 효자 수출품인 반도체 산업이 매출이나 이익 면에서 크게 위축됐다. 과연 반도체 최강국인 우리나라는 원천기술도 부족하고 시장도 없는 그야말로 대량생산만을 전문으로 하는 나라에 불과한가? 다행히 국가의 행정적 지원과 함께 삼성전자와 SK하이닉스의 천문학적 투자가 계획되어 있어 반도체 산업의 또 한번의 중흥을 기대하고 있다.

국내에는 많은 유니콘 기업이 있지만 대부분 비즈니스 모델이 쇼핑몰, 배달, 게임 등에만 치우쳐 있다. 게다가 국가는 단기 육성 과제를 중심으로 지원하고 있고 대학이나 연구기관은 기술 개발에 한계를 드러내고 있다. 그러다 보니 우리나라는 IT 원천기술력 확보가 구조적으로 어렵게 되었다.

인터넷 시대 초기에는 광케이블 보급률 정도로 각국의 IT 수준을 평가했다. 각국의 IT 기술력이 크게 차이가 안 나는 것처럼 보였지만 그 이후 반도체, 인공지능, 클라우드, 통신기술, 소프트웨어의 발전 등으로 인해 각국의 IT 기술력은 극심한 격차를 보이고 있다. 결국 원천기술력을 갖고 있느냐이다. IT 기술력을 보유해야만 강대국으로 또 경제 대국으로 성장할 수 있고 소리 없는 경제 전쟁의 강력한 무기를 휘두를 수 있다. IT 기술력 확보가 중요하다.

3.

왜 나트륨 전지 개발 전쟁이 치열한가

우리가 잘 아는 아마존은 모든 것을 다 파는 글로벌 종합 쇼핑몰이다. 아마존은 유통 기업이므로 기본적으로 물류사업 분야에서 굉장히 경쟁력이 있다. 미국 전역은 물론 전 세계에 아마존의 물류거점과 물류망, 물류 차량, 비행기 등이 거미줄처럼 구성되어 있다. 아마존은 라스트마일, 도어투도어 배송을 위해 전기차 전문 업체인 리비안과 배송용 전기차를 제작하여 미국 전역으로 배송하는 데 활용하고 있다.

아마존이 최근 인수한 자율주행 자동차 회사 죽스Zoox는 로봇

리비안의 배송용 전기차

(출처: 아마존)

죽스의 자율주행 셔틀택시

(출처: 죽스)

택시사업을 하기 위해 본사가 있는 캘리포니아에서 임직원을 대상으로 자율주행 셔틀택시를 시범으로 운행했다.

자율주행차는 일반 전기차와는 다른 어떤 특징을 가지고 있을까? 자율주행차는 운전자의 개입 없이 스스로 운전할 수 있는 자동차로서 센서, 컴퓨터, 통신장치 등을 사용하여 주변 환경을 인식하고 주행 경로를 계획하여 자동 운행을 할 수 있다. 좀 더 자세히 살펴보자.

1.　자율주행차는 다양한 센서를 사용하여 주변 환경을 인식한다. 센서에는 라이다LiDAR, 카메라, 레이더Radar, 초음파 센서 등이 있다. 라이다는 레이저를 사용하여 주변 환경을 3차원으로 인식하며 카메라는 주변 환경을 영상으로 인식한다. 레이더는 전파를 사용하여 주변 환경을 인식하며 초음파 센서는 소리를 사용하여 주변 환경을 인식한다.

2.　자율주행차는 컴퓨터를 사용하여 인식한 정보를 처리한다. 컴퓨터는 센서에서 수집한 정보를 분석하여 주행 경로를 계획하는데 주행 경로는 교통 상황, 기상 조건, 주변 환경 등을 고려하여 결정된다.

3.　자율주행차는 통신장치를 사용하여 다른 차량, 교통 신호등, 교통관제센터와 통신한다. 통신장치는 주행 경로를 다른 차량과 공유하고, 교통 신호 정보를 수신하고, 교통관제센터로부터 지시를 받는다. 현재의 5G보다 용량이 100배나 크고 속도도 빠른 6G가 나오면 더욱 원활하게 통신할 수 있다.

자율주행차는 아직 완전 상용화 단계는 아니다. 하지만 교통사고의 주요 원인인 운전자의 실수를 줄일 수 있을 뿐만 아니라 교통사고 감소, 교통 효율성 향상, 교통약자 편의성 향상, 인간의 삶의 질 향상 등 다양한 효과를 가져올 것으로 기대된다. 또한 새로운 산업과 일자리를 창출할 것으로 예상된다. 그러나 자율주행차의 안전성, 보안성, 윤리성, 법적 제도 등이 해결되어야만 자율주행차가 상용화될 수 있다.

자율주행차는 완성도에 따라 크게 5단계로 분류된다. 현재까지 출시된 자율주행차는 대부분 2단계 수준이다. 3단계 이상의 자율주행차는 아직 개발 중으로 상용화까지는 다소 시간이 걸릴 것으로 예상된다.

0단계	1단계	2단계	3단계	4단계	5단계
	다리 작동 없음	손 작동 없음	눈 작동 없음	마음 작동 없음	운전자 없음

0단계: 운전자가 모든 주행을 제어한다.

1단계: 운전자가 주행을 제어하며 자율주행 시스템이 보조한다. 자율주행 시스템이 차선 유지를 하거나 속도를 조절할 수 있다.

2단계: 운전자가 주행을 제어할 필요는 없지만 항상 차량을 모니터링해야 한다. 자율주행 시스템이 차량을 운전하지만 운전자는 언제든지 개입할 수 있어야 한다.

3단계: 운전자가 주행을 제어할 필요는 없지만 차량에 탑승해야 한다. 자율주행 시스템이 차량을 운전하지만 운전자는 비상시를 대비하여 차량에 탑승해야 한다.

4단계: 운전자가 주행을 제어할 필요가 없으며 차량에 탑승할 필요도 없다. 자율주행 시스템이 차량을 운전하고, 운전자는 차량에서 휴식을 취하거나 다른 작업을 할 수 있다.

자율자동차는 전기자동차를 기본으로 한다. 즉 가솔린 기관 대신 2차 전지로 구동되는 방식이다. 전기자동차에 들어가는 2차 전지는 일반적으로 리튬이온전지가 사용된다. 리튬이온전지는 에너지 밀도가 높고 수명이 길며 충전 시간이 짧다는 장점이 있다. 그러나 가격이 비싸고 화재의 위험성이 있다.

리튬이온전지는 리튬 금속을 양극재로, 코발트 산화물을 음극재로 사용한다. 전해질이 리튬 금속과 코발트 산화물 사이를 이동하면서 전기를 생성하는 방식이다. 리튬이온전지는 충전과 방전이 반복되면서 성능이 저하되는데 일반적으로 약 500회 충전과 방전을 할 수 있다. 2차 전지는 차량의 중량을 분산시키고 충돌 시 안전성을 높이기 위해 차량의 바닥에 장착된다.

전기자동차의 2차 전지는 전기자동차의 성능과 효율성을 결정하는 중요한 요소다. 2차 전지의 용량이 클수록 더 멀리 주행할 수

모든 사물이 배터리로 연결되는 사물배터리 시대

배터리가 가져오는 일상의 편의

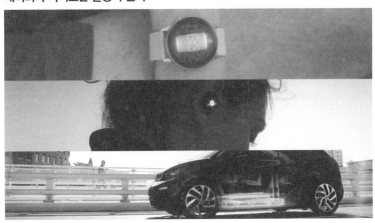

있고 에너지 밀도가 높을수록 더 많은 전기를 저장할 수 있기 때문
이다. 2차 전지의 충전 시간이 짧을수록 전기자동차를 더 자주 충
전해야 하고, 2차 전지의 수명이 길수록 전기자동차를 더 오래 사
용할 수 있다.

결국 전기자동차의 2차 전지는 자동차의 주행 거리, 성능, 가격, 안전성 등을 결정하는 중요한 요소가 된다. 따라서 전기자동차의 주행 거리를 늘리기 위해서는 2차 전지의 에너지 밀도를 높여야 한다. 그러기 위해서 리튬이온전지, 리튬폴리머전지, 나트륨이온전지와 같은 신소재를 활용한 전지 개발이 경쟁 중이다.

순수 전기차EV와 하이브리드PHEV를 포함한 전기자동차는 매년 출하량이 200만 대 이상 증가하고 있어 2023년 기준 전기자동차는 1,200만 대, 배터리는 790기가와트시(GWh) 판매가 전망된다. 배터리팩 시장 규모는 108조 원이며 그중 양극재는 52조 원, 음극재는 14조 원, 모듈 및 팩 부품은 18조 원 순이다.

배터리 업체는 2022년 기준 중국 배터리 업체 CATL이 글로벌 1위로 199기가와트시(GWh), LG에너지솔루션이 2위로 138기가와트시(GWh), 3위는 비야디BYD로 120기가와트시(GWh)를 생산했다. 미국이 미국산 전기자동차 구매 시 차량 1대당 최대 7,500달러의 세액을 공제하겠다는 「인플레이션 감축법IRA」 발표로 인해 많은 전기자동차 회사와 배터리 회사가 미국에 생산 공장을 설립하고 있다.

리튬은 원자번호 3번, 나트륨은 원자번호 11번으로 유사한 특징이 있다. 리튬은 자원 고갈 문제가 있으나 나트륨은 리튬 대비 423배의 매장량이 있어서 원가에 우위를 보인다. 또한 나트륨은 알칼리계 금속으로서 기존 배터리 생산 공정을 그대로 이용할 수 있다는 장점이 있다. 배터리 가격이 차량 가격을 좌우하므로 나트륨전지에 대한 기술 경쟁이 본격화될 것으로 보인다.[2]

4.

부동산 산업은 프롭테크로
어떻게 변화하는가

    프롭테크Proptech란 부동산을 의미하는 프로퍼티Property와 기술을 의미하는 테크놀로지Technology의 합성어로 부동산 시장에서 빅데이터, 인공지능, 증강현실AR·가상현실VR, 블록체인과 같은 기술을 활용하여 혁신을 일으키는 산업을 말한다. 부동산 중개, 임대, 관리, 개발, 투자 등 다양한 분야에 적용되고 있다.

    제1세대 프롭테크는 온라인 부동산 정보 서비스로 네이버 부동산, 부동산114 같은 서비스가 해당된다. 제2세대 프롭테크로는 직방, 다방, 미국의 질로Zillow 등과 같은 모바일 부동산 중개 서비스

프롭테크

가 있다. 제3세대 프롭테크는 인공지능과 빅데이터를 활용한 서비스를 말한다.

빅데이터, 인공지능, 증강현실·가상현실 등 IT 기술이 급속도로 발전하면서 고도의 기술력을 갖춘 기업들이 건설·부동산 전·후방 밸류체인에 활발히 참여하고 있다. 프롭테크 기업들은 부동산 개발, 건축물 설계와 시공, 부동산 관리 등 상대적으로 디지털화가 충분히 진행되지 않은 분야에 진출하며 신시장을 형성하고 있다. 기존의 부동산 거래 중개 플랫폼들도 단순한 정보 제공 기능에서 탈피하여 비대면 계약 서비스와 가상현실 홈투어 등 다양한 기술 서비스를 제공하고 있다. 전통적인 부동산 개발과 건설사들도 신사업 영역 확장과 생산성 향상을 위해 프롭테크 기업과의 사업 협력과 관련 투자를 적극적으로 진행하고 있다.[3]

국내 프롭테크 업체 중 하나는 화면에 주소를 입력하면 1초 만

프롭테크 영역별 주요 서비스 및 기업 현황

프롭테크 영역	주요 서비스와 사업 모델	주요 기업
설계·인테리어	• 인공지능 기반 건축 설계, 실시간 3D 인테리어 디자인 • 빅데이터, 인공지능 기반 인테리어 추천 및 증강현실·가상현실 체험 서비스	어반베이스, 아키드로우
시공·건설 기술	• 드론 기반 현장 측량 및 시공 관리 • 프리캐스트 콘크리트 건축 플랫폼	엔젤스윙, 홈플러스
건설 사업 관리	• 모바일 기반 비대면 공사감리 및 공사 관계자 협업 툴 제공 • 디지털 현장 데이터 기반 공정률, 품질 분석, 안전 관리 • 민간 건설공사 입찰 및 건축자재 수급 플랫폼	CMX, 아이콘, 엘리콘, 산군
부동산 개발	• 빅데이터, 인공지능 기반 부동산 가치 평가 • 빅데이터 기반 사업 타당성 분석 및 부동산 개발 종합 솔루션	빅밸류, 스페이스워크, 하우빌드
부동산 관리	• 임대부동산 관리 종합 솔루션(계약, 임차인 관리, 건물 관리) • 모바일 기반 아파트 단지 관리 및 입주민 편의 서비스	마이빌딩북, 아파트너

(출처: KDB산업은행 미래전략연구소)

에 그 땅에 지을 수 있는 최적의 건물을 설계한다. 지역에 대한 방대한 건축 관련 규정, 인허가 사항, 최신 설계 기법 등의 빅데이터를 확보하여 인공지능 심층 강화학습Deep Reinforcement Learning을 한 자동 설계 시스템을 구축한 것이다.

또 다른 프롭테크 기업은 다세대 주택, 연립 주택 등 시세를 측정하기 어려운 건축물의 시세를 자동으로 산정하는 서비스를 하고 있다. 이 또한 인공지능과 빅데이터가 기반이 된다. 일반적으로 아파트의 경우 시세가 분명하지만 소규모 연립 주택이나 다세대 주택 등은 시세 산출이 어려운 틈새시장을 사업화한 것이다.

새로운 사업의 출현은 기존 사업자들과의 갈등을 피해갈 수 없다. 우버와 에어비앤비 등이 국내에서 서비스를 시작하려고 하니 기존 사업자인 택시업계와 부동산업계의 심한 반대에 부딪혀서 지금까지도 제대로 된 서비스를 못 하는 사례가 많다. 프롭테크 또한 기존 설계업계나 부동산업계의 반발이 있지만 직방과 다방 같은 부동산 중개업이 정착하고 있는 것으로 봐서는 프롭테크 사업도 정착할 것으로 기대된다.

미국은 프롭테크 산업이 가장 활발하게 성장하는 국가 중 하나다. 2021년 미국 프롭테크 시장 규모는 1,200억 달러로 2025년에는 3,000억 달러에 달할 것으로 전망된다. 미국 프롭테크 산업의 성장은 부동산 시장의 디지털화, 인구 고령화, 도시화, 환경문제 등 다양한 요인에 의해 촉진되고 있다. 다음의 5개 기업이 대표적이다.

1. 질로: 미국 최대 부동산 중개 플랫폼
2. 오픈도어: 온라인으로 부동산을 구매, 판매, 임대하는 플랫폼
3. 에어비앤비: 단기 숙박 공유 플랫폼
4. 위워크: 공유 오피스 플랫폼
5. 매터포트: 부동산의 3D 투어를 제공하는 플랫폼

이러한 프롭테크 기업들은 부동산 산업의 효율성과 편의성을 높이고 새로운 비즈니스 모델을 창출함으로써 부동산 산업에 혁신을 일으키고 있다.

5.

바이오메트릭스는
IT 보안을 어떻게 바꾸는가

바이오메트릭스Biometrics는 생체 인식 기술을 말한다. 사람의 고유한 신체적, 행동적 특성을 측정하고 통계적으로 분석하는 기술이다. 이 기술은 주로 식별, 접근 제어 또는 감시 중인 개인을 식별하는 데 사용된다.

사람의 지문, 홍채, 안면, 음성, 손, 정맥, 행동 등은 사람마다 제각기 다르므로 이를 다양한 생체 인식 기술을 적용하여 보안성을 강화하고 절차를 간소화하여 보안에 활용하고 있다. 기존 비밀번호나 카드키 등과 같은 인증 방식보다 보안성도 높고, 사용자의 인

바이오메트릭스

증 절차도 간편하므로 사용성이 매우 높다. 이러한 이유로 바이오 메트릭스는 최근 IT 보안 분야에서 매우 중요한 기술로 자리잡고 있다.

바이오메트릭스 시스템은 두 가지 주요 기능을 제공한다.

1. 확인Verification: 일대일 비교로서 그 사람이 그 사람인지를 확인한다.

2. 식별Identification: 일대다 비교로서 많은 사람 중에 특정인을 식별한다.

최근 떠오르는 손바닥 정맥 인증 기술은 특수 적외선 카메라를 이용하여 손바닥에 있는 정맥 모세혈관의 모양을 확인하여 인증하는 생체 보안 방식의 하나이다. 손바닥 정맥은 사람의 눈으로는 잘 보이지는 않지만 지문이나 홍채보다도 더 많은 경우의 수를 갖고

아마존원 손바닥 정맥 등록기와 셀프 계산대

있어서 개개인을 완벽히 구분하는 데 유용할 뿐만 아니라 지문 인증 대비 비접촉 방식이고 홍채 인증 대비 사용 편의성이 우수하다.

최근 김포공항이나 인천공항 등 국내외 공항들의 출입국 시스템을 보면 여권 스캔과 동시에 지문 인증과 얼굴 인증 등을 복합화하여 출입국 업무를 자동화하고 있다. 이렇게 여행이나 이민을 할 때도 생체 인식 여권에서부터 자동 국경 통제 시스템에 이르기까지 생체 인식이 사용된다.

무인점포로 유명한 아마존고는 기존에는 출입구에 설치된 센서에 스마트폰을 대면 본인임을 인증하는 NFC 인증을 했다. 최근에는 이에 더해서 정맥 리더기 위에 손바닥을 스치기만 해도 인증이 되는 정맥 인증 기술을 사용하기 시작했다. 아마존고 매장 외에도 미국 전역의 홀푸드마켓에서도 손바닥 정맥 인증이 되는 아마존 원Amazon One 셀프 계산대를 사용하고 있다. 국내에서도 금융기관, 편의점, 공항 등에서 얼굴이나 지문 외에 정맥 인증이 확산되는 추

안면 인식 기술

세다.

지문 인증의 경우 지문을 등록할 때 왠지 범죄자가 된 듯한 선입감 때문에 확산이 잘 안 되고 있다. 얼굴 인증의 경우 개인 초상권 문제는 물론 안경이나 마스크 착용 또는 성형수술 등 등록 후에 변경되는 변수가 많아서 사용하기 어려운 것이 사실이다. 이에 반해 손바닥 정맥 인증은 기술적 측면과 사용 편리성 측면에서 차세대 보안 인증 기술로 주목받고 있다.

그 외에 바이오메트릭스는 지문 데이터베이스에서 안면 인식 기술에 이르기까지 법 집행에서 광범위하게 사용되고 있다. 의료계는 환자 식별에 생체 인식을 사용하여 환자가 올바른 치료를 받을 수 있도록 하고 있다. 또한 민감한 영역에 대한 접근을 통제하고 환자 기록을 보호할 수 있다. 은행과 금융 서비스에서도 안전한 고객 인증을 위해 바이오메트릭스가 점점 더 많이 사용되고 있다. 여기에는 모바일 뱅킹 앱을 위한 지문 인식, ATM 거래를 위한 안면 인식이 포함된다.

바이오메트릭스는 건물이나 보안 영역과 같은 물리적 위치에서 네트워크와 계정과 같은 디지털 리소스에 이르기까지 안전하게 접근을 제어한다. 또한 많은 최신 스마트폰과 단말 장치에도 사용자 인증을 위해 생체 인식을 사용한다. 예를 들어 지문 스캐너, 안면 인식, 홍채 인식 등이 있다.

미국의 바이오메트릭스 기업들은 법 집행, 의료, 금융 서비스, 정보통신 서비스 등을 포함한 다양한 부문에서 생체 인식 기술을 사용하고 있다. 주목할 만한 기업은 다음과 같다.

1. 아이데미아IDEMIA

지문, 얼굴, 홍채 인식을 포함한 광범위한 생체 인식 솔루션을 제공한다.

2. 뉘앙스커뮤니케이션즈Nuance Communications

음성인식 솔루션으로 잘 알려져 있으며 의료 시스템과 고객 서비스 시스템에 사용된다.

3. 어웨어Aware Inc

지문, 얼굴, 홍채 인식용 소프트웨어를 포함한 다양한 생체 인식 솔루션을 제공한다.

4. 바이오키인터내셔널Bio-Key International

문 인식 소프트웨어 솔루션과 하드웨어를 제공한다.

5. 노튼라이프락NortonLifeLock (구 시만텍Symantec)

생체 인식을 포함한 다양한 사이버 보안 서비스를 제공한다.

6.

가상세계가 현실세계만큼
중요해진다

가상현실VR, Virtual Reality, 증강현실AR, Augmented Reality, 혼합현실
MR, Mixed Reality, 확장현실XR, Extended Reality은 모두 현실세계와 가
상세계를 적절하게 접목하여 활용하는 기술이다.

가상현실은 360도 카메라로 찍은 동영상이나 그래픽 등 디지
털 방식으로 제작된 콘텐츠를 헤드 마운티드 디스플레이HMD, Head
Mounted Display라는 기기를 착용한 사용자에게 제공함으로써 현실
세계와 완전히 차단된 가상의 공간을 체험하게 하는 기술이다. 스키
장에서 스릴 있게 스키를 타는 콘텐츠, 열기구를 타고 하늘 위에 두

둥실 떠서 경치를 감상하는 콘텐츠 등이 있다. 다만 콘텐츠 제작이 쉽지 않고 다양하지 않고 헤드 마운티드 디스플레이를 머리에 착용해야 해서 불편하고 어지러운 증상이 있어 대중화가 더디다.

증강현실은 스마트글라스(스마트 안경)나 스마트폰을 활용하여 디지털로 제작된 콘텐츠를 현실 세계와 접목하는 기술이다. 예를 들어 출고(피킹, picking) 작업 시 한 손에는 출고 목록을 들고 눈으로는 해당 물건들을 찾아야 하는데 스마트글라스를 착용하면 렌즈 부분이 PC의 화면처럼 변하면서 출고 목록과 위치 정보 등이 나타나 해당 물건이 어느 열 어느 칸에 있는지를 안내한다. 스마트글라스는 착용이 간편하고 눈앞의 현실 위에 안내용 화면이 나타나는 정도이므로 불편함이나 어지러움이 적어 창고와 매장 등의 업무에서 활용할 수 있다. 사람을 많이 만나는 직업이면 누군가를 만났을 때 스마트글라스에 해당 인물의 이력이 쫙 나타난다면 얼마나 편리할까?

스마트폰을 활용한 사례를 들면 인터넷 쇼핑몰 화면에서 모자를 구매할 때 카메라로 촬영되는 자신의 얼굴 위에 가상의 모자를 씌워볼 수 있다. BMW는 자동차 전시장에서 신형 차량을 증강현실을 통해 경험하게 하고 있다. 아무리 차량 전시장이 넓을지라도 그 많은 차량을 다 전시할 수 없지만 증강현실을 활용하면 BMW의 모든 차량을 외관과 내부는 물론 드라이브 환경까지도 다 경험하게 할 수 있다.

혼합현실은 가상현실과 증강현실의 기능을 합친 것으로 현실세계에 3차원 가상 물체를 겹친 증강현실을 확장한 개념으로 현실과 가상 간에 상호작용하도록 하는 기술이다. 즉 가상의 물체를 현실 공간에 올려놓거나 현실의 물체를 인식해서 그 주변에 가상공간을 3D로 구성하는 기술이다. 영화에서 보는 홀로그램 기술이 이에 해당한다.

확장현실은 단순한 디스플레이를 넘어 공간 매핑, 객체 추적, 360도 가상뷰는 물론 공간 음향 등을 통해 현실과 매우 비슷한 자연스러운 체험을 할 수 있는 기술이다. 향후 확장현실 전환XR Transformation 시대가 도래하면 단순한 흥미 위주의 가상현실 단계를 넘어 실생활이나 산업에 적용될 것으로 기대된다.

2023년 6월 애플은 연례 세계개발자회의WWDC에서 사용자가 현실 세계와 주변 사람들과의 연결성을 유지하도록 지원하면서 디지털 콘텐츠와 물리적인 세계를 매끄럽게 어우러지게 하는 혁신적인 공간 컴퓨터인 MR 헤드셋 비전프로를 선보였다. MR 헤드셋은 2014년 처음 공개된 애플워치 이후 애플이 9년 만에 내놓은 야심작이다.

애플 최고경영자 팀 쿡은 "오늘은 컴퓨팅 방식에 있어 새로운 시대의 시작을 알리는 날이다."라며 "맥이 개인 컴퓨터를, 아이폰이 모바일 컴퓨팅의 시대를 열었던 것처럼 애플 비전프로는 우리에게 공간 컴퓨팅을 선보이게 됐다. 수십년간의 애플 혁신에 기반을 둔 비전프로는 수년을 앞선 완전히 새로운 혁명적인 입력 시스템과 수천여 개의 획기적인 기술 혁신을 선보일 것이다. 이는 예전에

애플의 비전프로(XR 헤드셋)

(출처: 애플 홈페이지)

보아왔던 그 어떤 것과도 비교할 수 없다. 비전프로는 사용자들에 겐 엄청난 경험을, 개발자들에겐 신나는 새로운 가능성을 제공하 게 될 것이다."라고 말했다.[4]

비전프로는 애플이 자체 설계한 M2와 R1 반도체칩을 동시에 장 착한 듀얼 칩 구조다. 특히 R1 칩은 헤드셋에 달린 카메라 12개, 센 서 5개, 마이크 6개가 수집하는 정보를 빠르게 처리해 2,300만 픽 셀 디스플레이 2개로 사용자 눈앞에 새로운 이미지를 실시간으로

기업	애플 🍎	메타 ∞	삼성전자 SAMSUNG
제품	비전프로	퀘스트3	갤럭시 스페이스
상품군	증강현실	혼합현실	확장현실
가격	3,499달러	499달러	2,000달러(미정)
특징	아이폰, 맥과 연동	두께 얇음, 보급형	촉각, 후각, 헬스케어 지원

보여준다. 과거 헤드셋의 문제점이었던 저해상도, 조작 불편 등의 문제를 완전히 뛰어넘는 새로운 가상공간을 연출한다. 모든 공간을 100피트(약 30미터)만큼 넓게 보이는 대형 화면과 첨단 공간 음향 시스템을 갖춘 개인 영화관으로 즐길 수 있다. 눈을 한번 깜빡이는 시간보다 8배 빠른 12밀리초 안에 새로운 이미지를 스트리밍한다. 이런 속도 덕분에 기존 가상현실 헤드셋을 썼을 때 느껴지는 어지러움과 답답함이 없을 것이라고 한다. 다만 사용 시간은 외장 배터리를 사용하면 최대 2시간까지 쓸 수 있어서 약점이 될 것으로 예상된다. 3,499달러부터 시작되는 비싼 가격도 대중화의 걸림돌로 지적된다.[5]

메타는 차세대 증강현실·가상현실 헤드셋인 '메타 퀘스트 3'를 발표했다. 증강현실·가상현실 기술과 제품이 목표로 하는 지향점은 '실감 나는'을 넘어 '실제보다 더 실제 같은' 몰입감을 제공하는 것이다. 메타 퀘스트 3는 이러한 목표 실현을 위해 '더 강력하고 더 선명하고 더 편안한' 헤드셋에 초점을 맞춰 개발됐다. 퀄컴테크놀로지스와 협력하여 기존 그래픽 처리 장치GPU보다 2배 이상의 그래픽 성능을 제공하는 차세대 고성능 스냅드래곤 칩셋을 탑재했다. 퀘스트 2와 비교할 때 40% 더욱 얇아진 광학 기술을 적용해 착용하기 편하고 보기에도 세련된 디자인을 채용했다. 동작을 전달하는 데 필요한 컨트롤러가 손의 연장선처럼 자연스럽게 느껴지도록 트루터치 햅틱TruTouch haptic을 적용했으며 손 트래킹을 지원해 컨트롤러 없이 손만으로 가상의 사물과 상호작용하는 다이렉트 터치를 지원한다.

하드웨어가 좋아도 이를 활용할 수 있는 소프트웨어와 콘텐츠가 없다면 의미가 없다. 메타 퀘스트 3는 500여 개의 게임과 앱 등 다양한 가상현실 또는 혼합현실 타이틀을 출시할 예정이다. 가격은 128기가바이트 헤드셋이 499.99달러이며 2023년 9월 메타 커넥트에서 자세한 내용이 공개된다.[6]

7.

어떻게 로봇을 활용하고
공존할 것인가

우리 옆에는 늘 로봇이 있다. 1952년 일본에서 연재된 SF 만화 「우주소년 아톰」은 애니메이션으로도 제작될 만큼 인기가 있었다. 당시 만화 주인공 아톰은 늘 꿈과 희망을 주었던 로봇이었다.

자동차 공장에서는 오래전부터 용접, 도색, 이송 등에 로봇을 충분히 활용하고 있다. 로봇이라기보다는 자동화 설비에 가깝다. 최근에는 관절 로봇이 등장해서 사람처럼 유연한 모습으로 커피도 만들고 맥주도 따르고 음식도 조리한다.

중국 알리바바가 만든 신개념 마트인 허마셴성盒馬鮮生은 신선식

우리 주변의 로봇

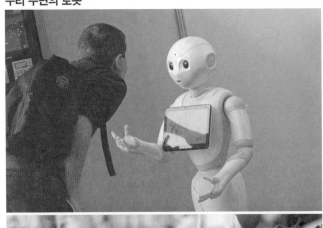

휴머노이드 로봇 아틀라스

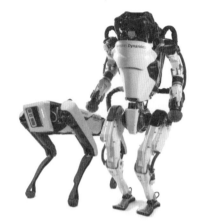

(출처: 보스턴다이내믹스 홈페이지)

품 매장과 함께 식당을 운영한다. 이 식당에는 테이블 사이에 높은 통로로 주문한 음식이 담긴 서빙 로봇이 다닌다. 재미와 함께 무인화에 따른 엄청난 인건비 절감이 예상된다.

일본 소프트뱅크에서 만든 페퍼Pepper라는 로봇은 호텔이나 식당, 은행, 극장 등에서 손님을 맞이하거나 주문을 받거나 간단한 게임으로 손님들을 재미있게 해준다. 우리나라에도 들어와 극장이나 백화점 등에서 시범적으로 사용됐으나 한 대 가격이 2,000만 원 정도로 고가이고 응용할 업무가 한정적이어서 확산이 더디다.

현대자동차그룹이 2020년에 인수한 보스턴다이내믹스는 세계에서 유명한 로봇 기업 중 하나다. 이족 보행을 하는 휴머노이드 로봇 아틀라스는 계단도 거침없이 뛰어오르고 공중제비를 한 후 안정감 있게 다시 서는 등 기술이 매우 우수하다. 이미 로봇은 많이 진화하여 단순한 청소 로봇부터 전투용 로봇까지 나와서 상용화됐다. 그런가 하면 사람의 보조 장치로 활용되는 로봇도 있다. 몸에 착용하면 로봇의 힘으로 무거운 물건을 들거나 계단을 힘들지 않게 오르게 하는 등 보조 역할을 한다.

2019년 세계가전전시회CES에서 일본 전자기기 제조 회사 오므론이 탁구 로봇 포르페우스를 선보였다. 이 로봇은 상단에 부착된 카메라 두 대로 공이 오는 코스와 속도를 초당 80회 측정해 공을 받아치는 것은 물론 공격도 한다. 기술적으로 인식률이 매우 뛰어난 센서와 신속한 순간적 이동이 결합된 메커니즘이다.

농업용 로봇도 있다. 미국의 광활한 경작지에서 로봇이 풀을 뽑고 비료를 주고 수확을 한다. 세계 1위 농기구 회사인 존디어의 트랙터는 농약과 물을 뿌리는 단순한 자동화에서 발전하여 지금은 36미터나 되는 긴 양팔에 카메라와 센서를 장착해서 잡초가 자라난 부분을 정확히 인식하여 그곳에만 제초제를 뿌리거나, 물이 필요한 부분에만 물을 공급하거나, 씨앗을 뿌린 부분에만 정확히 비료를 주는 인공지능 기능까지 탑재하여 24시간 무인으로 움직인다. 생산성으로 보면 사람의 수십 배가 넘고 비료 사용량도 60%를 줄일 수 있다.

세계적인 물류 회사 페덱스는 2019년 자율주행 배송 로봇인 록소를 선보였다. 록소는 인도를 따라 이동하도록 설계되어 고객의 자택과 회사에 소형 택배를 안전하게 배송한다. 배기가스 제로, 배터리 구동 방식 등의 시스템도 갖추었으며 보행자 안전 기술, 다중

존디어

카메라, 라이다가 탑재돼 주변 환경을 인식할 수 있다. 또한 기계 학습 알고리즘 기술과 결합해 장애물을 감지하여 우회하고 안전한 경로를 탐색할 수 있다. 비포장도로와 연석에서도 주행할 수 있을 뿐만 아니라 높은 층계를 오르내리는 등 이른바 도어투도어 배송이 가능하다.[7]

병원도 로봇 사용에서 예외가 아니다. 병원은 생각보다 더 노동 집약적인 사업이다. 2022년 삼성서울병원은 세계적으로 공신력 있는 미국 보건의료정보관리시스템협회HIMSS의 IT 인프라 인증 과정 중 하나인 '인프람INFRAM, Infrastructure Adoption Model'의 최고 등급인 7등급을 세계 최초로 달성했다. 삼성서울병원은 '로봇 기반 첨단 지능형 병원'을 구현한다는 목표를 갖고 있다.

---

* 페덱스는 2022년 10월 록소 운영 프로그램을 중단했다.

8.

메타버스는 3차원 플랫폼이 된다

메타버스: 내 아바타가 노는 곳

암호화폐: 거기서 물건을 살 때 지불하는 화폐

NFT   : 그 물건이 진품이라는 보증서

블록체인: 암호화폐나 보증서 등의 보안을 위해 분산 보관하는
         방법

앱으로 대표되는 지금의 온라인 서비스는 1차원 아니면 동영상
을 사용한 2차원 시스템이 대부분이다. 1, 2차원으로는 많은 것을

표현할 수 없다. 예를 들어 케이크를 구매하려고 하는데 뒷모양이나 속을 보고 싶다면 지금의 사진이나 동영상으로는 한계가 있다. 그래서 3차원 렌더링 기법을 사용하여 케이크를 촬영하면 케이크를 이리저리 자유자재로 돌려볼 수 있다. 또한 실제 세상을 가상으로 스마트폰 안에 구현하고 나의 분신인 아바타를 만들어서 그 아바타가 가상세계를 활보하게 함으로써 대리 만족을 얻거나 업무를 보도록 할 수 있다.

　메타버스는 증강현실, 가상현실, 비디오 게임, 인공지능 등 여러 IT 신기술을 활용해 가상세계를 만든 것으로 가상 공유 공간을 말한다. 결국 지금의 한정된 앱으로는 다 구현할 수 없는 현실세계를 가상세계로 확장하여 보여주기 위한 3차원 기법이라고 정의할 수 있다. 메타버스는 코로나19 이전까지는 많은 화제를 뿌리며 빠르게 성장했다. 글로벌 시장 조사기관인 가트너는 메타버스 시장 규모가 2024년까지 3,678억 달러에 이를 것으로 전망했다. 한국콘텐츠진흥원에 따르면 2022년 기준 국내 메타버스 시장 규모는 1조 8,000억 원으로 전년 대비 170% 성장했다.

대표적인 메타버스 플랫폼으로는 해외에는 로블록스, 포트나이트, 마인크래프트가 있으며 국내에는 네이버제트의 제페토, SK텔레콤의 이프랜드, 카카오의 오픈스페이스 등이 있다.

1. 로블록스

미국의 게임 개발사인 로블록스가 개발한 온라인 게임으로 사용자들이 자신의 아바타를 만들어 다른 사용자들과 함께 게임을 즐길 수 있다. 로블록스의 월간 활성 사용자는 2021년 초 1억 6,000만 명, 2021년 말 4억 9,100만 명, 2023년 2월 5억 4,600만 명에 달해 전 세계적으로 가장 인기 있는 메타버스 플랫폼이며 주로 어린이와 청소년들에게 인기가 많다.

2. 포트나이트

포트나이트는 2017년 미국의 게임 개발사인 에픽게임즈가 개발한 3인칭 슈팅 게임으로 사용자들이 자신의 아바타를 만들어 다른 사용자들과 함께 전투를 벌일 수 있다. 포트나이트는 2022년 1월 기준으로 전 세계적으로 3억 5,000만 명의 월간 활성 사용자를 보유하고 있다. 다양한 콘텐츠와 이벤트를 통해 사용자들에게 새로운 경험을 제공하고 있다. 예를 들어 2021년 11월에 영화 「어벤져

스: 엔드게임」과 콜라보를 진행하여 영화 캐릭터들을 포트나이트 게임에 등장시켰다.

3. 마인크래프트

마인크래프트는 스웨덴의 게임 개발사인 모장스튜디오가 2011년 개발한 샌드박스 게임이다. 사용자들이 자신의 상상력을 발휘하여 블록을 쌓고 건물을 짓고 게임을 만들 수도 있다. 마인크래프트는 2023년 1월 기준으로 전 세계적으로 1억 2,600만 명의 월간 활성 사용자를 보유하고 있다. 모든 연령대에 인기가 있으며 교육, 게임, 엔터테인먼트 등 다양한 분야에서 활용되고 있다.

해외에서는 다양한 분야의 기업들이 메타버스 플랫폼을 활용하여 새로운 서비스를 제공하고 있다. 예를 들어 맥도날드는 로블록스에 매장을 열고 사용자들이 자신의 아바타를 통해 음식을 주문하고 즐길 수 있는 서비스를 제공하고 있다. 유니버셜스튜디오는 포트나이트에 테마파크를 열고 사용자들이 자신의 아바타를 통해 놀이기구를 타고 영화 속 캐릭터를 만날 수 있는 서비스를 제공하고 있다.

국내 사례를 보면 GS리테일은 넥슨의 메타버스 플랫폼 '메이플스토리 월드'에 '우리동네GS 월드'를 열었다. 우리동네GS 월드는 GS리테일의 대표 브랜드를 체험할 수 있는 가상공간으로 편의점 GS25와 슈퍼마켓 GS더프레시 매장, 배딜 앱 우딜(우리동네 딜리비

우리동네GS 월드

(출처: 메이플스토리월드 우리동네GS)

리)과 요기요 등의 서비스를 구현했다. 특히 '우친 배달 게임'은 우리동네GS 월드에 접속한 사용자가 배달원 우친이 돼 주문을 받고 상품을 배달하는 과정을 체험할 수 있도록 했다.

CU도 버추얼 아티스트 '사공이호'와 편의점을 주제로 브랜디드 콘텐츠를 선보였다.[8] 사공이호는 메타버스 세계를 기반으로 활동하는 3인조 그룹이다. CU는 자사 인스타그램을 통해 사공이호 그룹이 결성되는 과정, 보컬 '쑤니'가 편의점에서 근무하는 모습, 아티스트가 되기 위해 가사를 쓰는 모습 등을 담은 성장기를 소개한다.

세븐일레븐은 소셜 네트워크 게임 '플레이투게더'의 카이아섬 광장에 실제 매장과 동일한 모습으로 '세븐일레븐 카이아섬점'을 열었으며 SK텔레콤의 메타버스 플랫폼 '이프랜드'에도 점포를 열었다.[9]

메타버스가 많은 주목을 받는 차세대 3차원 플랫폼임에는 틀림이 없지만 현재는 그 인기나 활용도가 급속히 떨어져 있다. 그 이유를 크게 세 가지로 꼽을 수 있다. 첫째, 솔루션이나 플랫폼 간 상호 연계가 안 된다는 점. 둘째, 3차원 아이콘과 화면을 만드는 데 많은 시간과 비용이 소요된다는 점. 셋째, 헤드 마운티드 디스플레이를 착용하거나 아바타를 움직여야 하므로 불편하다는 점. 이렇게 메타버스는 아직 초기 단계에 있지만 교육, 게임, 엔터테인먼트, 마케팅 등 다양한 분야에서 활용될 가능성이 커 향후 우리 생활에 큰 변화를 가져올 것으로 기대된다.

9.

디지털 코인이 화폐를 대체할 수 있다

가상자산인 디지털 코인은 중앙은행이나 정부와 같은 중앙기관의 통제를 받지 않는 디지털 화폐다. 거래 내역을 분산된 네트워크에 저장하는 블록체인 기술을 기반으로 하며 비트코인을 비롯하여 이더리움, 리플, 솔라나, 테더 등 다양한 종류의 코인이 거래되고 있다.

디지털 코인은 기존 화폐와 비교하여 국경을 초월하여 사용할 수 있다. 거래 수수료가 저렴하고 거래가 빠르고 안전하고 탈중앙화되어 있어 중앙기관의 통제를 받지 않는다는 장점이 있다. 반면

비트코인

가격 변동성이 크고 해킹 위험이 있고 법적 지위가 불확실하다는 단점이 있다. 디지털 코인은 아직 초기 단계에 있지만 향후 기존 화폐를 대체할 수 있는 잠재력을 가지고 있다.

비트코인으로 대표되는 디지털 코인은 말도 많고 탈도 많다. 필요성이 애매하고 가격 변동성이 너무 크고 각국 정부가 반대하는 등 실생활에서 사용되지 못하고 음성적인 거래 등에 활용되는 것이 현실이다. 우리나라와 같이 제도권 금융이 완전히 정착된 나라에서는 금융기관을 통하지 않은 화폐는 그 필요성이 별로 없다. 하지만 저개발국에서는 아직도 은행 거래나 카드 거래가 활성화되지 못해 물물교환 형태로 거래가 이루어지고 있다. 그러다 보니 제도권 금융 외에 서로가 인정하는 제3의 거래 수단이 필요한 것이 현실이다. 특히 국제 송금의 경우 환전 수수료와 송금 수수료가 발생하고 비싸기 때문에 해외 노동자들이 본국으로 돈을 송금할 경우

주요 알트코인

비싼 수수료를 줄이기 위해 여러 꼼수를 쓰고 있다. 가상화폐를 사용할 경우 환차 극복은 물론 수수료를 대폭 줄일 수 있어서 여러 가지 코인들이 성행하고 있다. 여기다 일확천금을 노리는 코인들, 일명 알트코인들이 시장을 크게 훼손하고 있다.

전 세계 통화량은 약 120경 원, 채권은 13경 원, 주식은 12경 원, 금은 1.3경 원 규모다. 그에 반해 비트코인의 최대 발행량은 2,100만 BTC이므로 1BTC에 3,000만 원이라고 계산해도 630조 원 정도로 전 세계 통화량의 0.05%에도 못 미쳐 어찌 보면 무시할 수도 있는 규모다. 하지만 중앙은행을 배제한 개인 간 거래인 P2P이기 때문에 다른 코인들이 가세하면 각국 중앙은행의 존립이 위태로워지고 금융 시스템이 파괴되어 국가 존립에도 문제가 될 수 있다는 우려에서 디지털 코인을 인정하지 못하는 논리가 생겼다고 본다.

메타가 2020년에 출시하려던 리브라는 여러 나라의 반대로 인해 무기한 연기됐다. 만약 리브라가 출시되어 메타 가입자 수십억

명이 사용하면 미국 달러보다도 더 위력적인 기축통화가 될 수 있기 때문에 각국 중앙정부가 극구 반대했다. 중국이 알리바바를 제재한 이유도 알리페이가 중앙정부의 화폐 사용량보다 더 커질 것을 우려했을 가능성도 충분히 있다.

일본은 가상자산에 대한 광고나 사용에서 무척 앞서 나갔으나 2018년 가상자산 거래소 코인체크가 해킹돼 약 5,600억 원 규모의 금전 피해가 발생한 이후로 가상자산 산업에 대한 규제를 강화했다. 자율 규제 기관인 일본가상통화거래소협회JVCEA를 중심으로 거래소 사업자 등록제를 도입하고 과세, 회계 등에 대한 의무 규정들을 마련했다. 일본 당국이 이처럼 가상자산과 관련해 투자자 보호에 집중하면서 상대적으로 산업 육성을 위한 행보는 더딘 것으로 평가됐다. 자민당 세무위원회는 가상자산 분야 신생 기업의 미실현 이익에 대해서 법인세 납부를 면제하는 법안을 승인했다.

중국은 2017년 지역 암호화폐 거래소를 폐쇄한 데 이어 2019년엔 암호화폐 거래소와 암호화폐공개ICO 사이트 접속을 차단하고 암호화폐 거래를 불법으로 규정하는 등 가상자산에 대한 접근을 강력하게 규제해왔다. 가상자산에 대한 투기성 거래를 우려한 조치였다. 2021년에는 전 세계에서 70%의 비중을 차지하던 암호화폐 채굴마저 금지했다. 반면 같은 가상자산이라도 NFT에 대해선 정책을 달리하고 있다. 2023년 초 국영 NFT 거래소 '중국디지털자산거래플랫폼'이 출범했다. 이 플랫폼은 중국 문화관광부 직속 중국문화미디어그룹의 자회사인 중전열중문화발전이 운영하게 된

웹 3.0

다. 개인과 기관을 대상으로 NFT를 발행하고, 저작권 보호 서비스를 제공한다는 방침이다. 도시 단위로 보면 상하이와 허난성의 경우 각각 2022년 8, 9월에 메타버스에 대한 산업 육성 계획을 발표하기도 했다.

가상자산에 부정적인 입장을 취하던 국가들마저 웹 3.0 산업 육성에 공을 들이는 데 반해 국내 대응은 다소 미진하다. 가상자산 관련 법제화는 조금씩 추진되고 있지만 산업 육성을 위한 정책적 지원은 찾아보기 어렵다. 가상자산 산업을 기존 금융 체재의 일부로 흡수하려는 경향이 있다. 하지만 고객을 철저히 보호하기 위해서는 진척이 다소 느려지더라도 웹 3.0 서비스의 옥석을 가리고 허용할 만한 건 과감하게 허용하는 정책을 추진해야 한다.

10.

중앙은행 디지털 화폐 시대가 온다

2024년에는 전 세계 인구 중 절반 이상이 연간 9조 달러 이상의 거래에 디지털 화폐를 사용할 것으로 예상된다. 전 세계 중앙은행의 86%가 중앙은행 디지털 화폐CBDC, Central Bank Digital Currency가 가진 잠재력을 적극적으로 연구하는 이유다. 중앙은행 디지털 화폐는 중앙은행이 발행하는 디지털 화폐다. 디지털 화폐 해외 송금 플랫폼 리플의 중앙은행 협력 담당 부사장 제임스 월리스James Wallis는 머지않은 미래에 중앙은행 디지털 화폐가 현실 세계와 가상세계는 물론 공공과 민간을 아우르는 경제 시스템에서 화폐로 통용

중앙은행 디지털 화폐

될 것으로 전망했다. 각국 중앙은행은 결제 효율성 극대화, 새로운 금융 서비스 창출, 국가 간 결제 마찰 해결, 결제 위험 감소 등의 효과를 기대하며 디지털 화폐를 적용할 준비를 하고 있다.

중앙은행 디지털 화폐를 미래 화폐 경제 시스템에 성공적으로 안착시키기 위한 핵심 요인으로 상호운용성을 꼽는다. 상호운용성이란 A국 중앙은행이 발행한 디지털 화폐를 B국에 전송할 때 별도의 복잡한 외환 시스템을 거치지 않아도 B국이 발행한 디지털 화폐로 바뀌어 전자지갑에 입금되는 개념이다.

제임스 윌리스 부사장은 중앙은행 디지털 화폐가 각국의 통화 주권을 위협하거나 기축통화로서 달러 지위를 흔들 가능성은 낮은 것으로 진단했다. 그는 "각국 중앙은행은 중앙은행 디지털 화폐 도입을 검토 중인데 통화와 금융 안정성에 '해를 끼치지 않아야 한다'는 대원칙을 공유하고 있다. 중앙은행 디지털 화폐의 통화 정책의 영향은 이를 어떻게 설계하는지에 달려 있다."라고 하며 "기축 통화로서 지위 역시 궁극적으로 사용되는 화폐의 형태보다도 국가 경제와 세계 시장에서 화폐 발행 국가의 역할과 관련돼 있다. 따라서 중앙은행 디지털 화폐가 미칠 영향은 제한적"이라고 평가했다.

한국은행은 2021년 8월부터 2022년 12월까지 중앙은행 디지털 화폐 모의실험을 진행했고 기술적, 경제적, 법적, 정책적 측면을 검토하고 있다.

11.

NFT 시장의 가능성은 무궁무진하다

NFT는 Non-Fungible Token의 약자로 '대체 불가능 토큰'을 의미한다. 기술적으로는 블록체인 기술을 사용하며 디지털 자산에 소유권을 부여하는 데 주로 사용된다. 디지털 자산은 그림, 이미지, 음악, 비디오, 게임 등 무척 다양하다. NFT는 아직 초기 단계에 있지만 향후 다양한 분야에서 활용될 가능성이 크다. NFT는 디지털 자산의 소유권을 보호하고, 디지털 자산의 거래를 간소화하고, 디지털 자산의 새로운 시장을 창출하고, 디지털 자산의 가치를 높이는 데 사용될 수 있기 때문이다.

NFT

　2021년부터 급격히 성장하여 전 세계적으로 25억 달러 규모의 NFT 거래가 발생했다. 특히 미국과 한국에서 인기가 있는데 미국은 NBA, NFL, MLB 등 스포츠 리그에서, 한국은 게임, 음악, 예술 등 다양한 분야에서 NFT가 활용되고 있다. 한국의 게임 회사인 컴투스는 NFT를 활용하여 게임 내 아이템을 판매하고 있다. 음악 회사인 YG엔터테인먼트는 NFT를 활용하여 음악을 판매하고, 예술가인 김창열은 NFT를 활용하여 자신의 작품을 판매하고 있다.

　그림과 음악뿐만 아니라, 부동산 소유권에도 NFT가 활용된다. 건물의 소유권을 잘게 나누어 소액으로도 건물에 투자하는 기법이 생겼고 투자한 건물의 일부에 대한 소유권 증서를 NFT로 발행하는 것이다.

　NFT가 크게 활성화된 미국의 최근 사례를 보면 NBA가 NFT를 활용하여 농구 경기의 하이라이트와 선수들의 모습을 담은 카드

NFT 앱 사이트

Spatial Updates
Your Home in the Metaverse: A Starting Space in Spatial
March 2, 2022

User Highlights
Metaverse Gallery Tour: NeoSutras Sacred Geometry Inspired Performance Art
February 23, 2022

Community
NFT Real Estate: Why Buying Land In The Metaverse Is Not It
February 9, 2022

User Highlights
Protégé of Surrealist Salvador Dalí, Louis Markoya's Virtual Exhibit in Spatial with the Leepa-Rattner Museum of Art
February 4, 2022

User Highlights
Celebrating Lunar New Year 2022 in Spatial: McDonald's Hall of Zodiacs Featuring Art by Humberto Leon
February 1, 2022

User Highlights
ELYX Enters The Metaverse With A New NFT Gallery
January 13, 2022

Spatial Updates
A Totally New Spatial Focused On Creators and NFTs. Probably Nothing.
December 14, 2021

Spatial Updates
Spatial Park: A Community Hub in Spatial's Metaverse
December 8, 2021

등을 판매하고 있다. NBA톱숏은 NBA의 플레이 클립을 NFT로 판매하는 플랫폼이다. 출시 이후 1년 만에 10억 달러 이상의 매출을 올렸다. NBA NFT 마켓플레이스는 NBA NFT를 거래할 수 있는 플랫폼으로 NBA톱숏에서 구매한 NFT를 이 플랫폼에서 판매할 수 있다. NBA NFT 컬렉터블즈는 NFT로 제작된 플레이 클립, 카드, 의류 등 다양한 종류의 수집품을 판매하고 있다. NBA는 NFT를 활용하여 팬들과 소통을 강화하고 새로운 수익원을 창출하고 있다.

NFT를 발행하거나 거래하는 많은 앱 사이트가 생겨났다. 이 사이트들은 단순히 NFT를 거래만 하는 것이 아니라 사용자에게 자기만의 공간을 제공하고 있다. 앱에 3차원 가상으로 자신의 방을 만들고 평소 사 모은 NFT로 예쁘게 꾸민 후 지인들을 초대하여 자신의 NFT를 자랑하고 거래도 하는 것이다. NFT 인증서를 벽에 걸어놓는 것이 아니라 NFT에 해당하는 작품들을 감상할 수 있다. 이러한 방식이 사이버상에서 NFT를 통해 작품을 소유하고 감상하며 거래하는 방식으로 정착될 가능성이 커 보인다.

6장

앞으로
10년이
미래를
결정한다

BUSINESS
DIGITAL
REVOLUTION

1.

미래를 예측하고 준비해야 한다

2019년 코로나19가 전 세계를 덮쳤다. 질병뿐만이 아니라 자연재해, 테러, 대형사고 등 미리 대비해야 하는 일은 이 세상에 넘쳐난다. 미래를 예측하고 사전에 준비할 수만 있다면 얼마나 좋을까?

미국 소설가 에드워드 벨러미Edward Bellamy는 1889년 발표한 SF소설 『뒤돌아보며』에서 서기 2000년을 유토피아적 사회로 예측했다. 프랑스에서는 생리학자 샤를 리셰Charles Richet가 1892년 『100년 후』라는 책을 통해 인구 감소와 태양에너지 사용 등을 예측했다. 영국 작가 조지 오웰은 소설 『1984년』에서 디스토피아 미래를

포스트 코로나

그렸고 올더스 헉슬리는 소설 『멋진 신세계』에서 문명이 사람의 삶을 인위적으로 조정하는, 무려 600년 후인 2500년대 삶을 상상했다. 필자는 코로나19가 가져올 수년 후 세상을 다음과 같이 그려본다.

　재난 상황을 극복하고 사회 각계에서 IT 활약이 눈부시다. 전국의 촘촘한 폐쇄회로와 휴대폰 등의 데이터 분석으로 확진자 동선이 몇 분 내 파악되고 대면 접촉에 대한 불안으로 진료, 쇼핑, 교육, 근무 등 모든 영역에서 비대면 기술 적용이 확대되고 있다.

인공지능, 빅데이터, 사물인터넷 기술을 통해 명확하게 재난 상황을 분석함과 동시에 각 지역에 필요한 격리병실이 구축되고 자율이동 방역 로봇과 드론이 동원돼 체계적인 지역 방역에 나선다. 진단 로봇의 활약으로 확진자를 판독하는 시간도 획기적으로 개선됐다. 코로나19 판정은 흉부 CT 촬영 후 의사가 판독하던 것을 인공지능 진단 시스템이 대신함으로써 2~3시간 걸리던 작업을 수분 내에 99% 이상의 정확도로 판정한다. 구급요원의 2차 감염을 방지하기 위해 자율주행 구급차가 환자를 이송하고 원거리 환자를 진료하기 위해 원격 영상 진료와 인공지능 협업 진료가 실시간으로 이뤄진다.

각 사업장에서는 직장 폐쇄를 막기 위해 어쩔 수 없이 재택근무가 시행됐으나 앞으로는 영상회의, 그룹웨어, 전사적 자원관리, 모바일 시스템의 활성화로 인해 근무 형태가 더욱 다양화하고 스마트해진다. 특히 사무공간이 변하면서 사무실 근처 상권 역시 재편될 것으로 예상된다. 사무실과 거주지 등이 도심의 외곽으로 이전하고 그룹웨어 워크플레이스는 언제 어디서나 업무가 가능한 클라우드, 오픈소스, SNS 기반으로 발전될 것이다. 또한 게임, 영화, OTT(온라인 동영상 서비스), 완구, 간편식 등 가정 내에서 필요한 산업이 비약적으로 발전할 것이다. 영화 각본도 인공지능이 작성할 날이 머지않았고 특히 공연이나 영화는 한 번 OTT 시장에 빼앗긴 고객을 다시 영화관으로 불러 모으기 쉽지 않다. 증강현실·가상현실 기술이 발전하고 유튜브와 넷플릭스 등이 생활에 파고들면서 놀이공원이나 공연, 예술, 쇼핑, 교육계에도 많은 변화가 예상된다.

아직도 코로나19가 엔데믹으로 바뀌어 사회 전체가 움츠리고 있지만 향후 세상은 급속한 변화가 예상된다. 평소 지진이나 전쟁, 전염병 등 재해에 대비가 안 돼 있으므로 향후 유사 재난에 대비하기 위해서는 인력으로 해결하려는 방식에서 벗어나 첨단기술을 적극적으로 활용하는 대책과 법 제도 마련이 시급하다.

이 사태가 진정되면 일상은 코로나19 이전으로 되돌아갈 수 있을까? 역사를 보더라도 한 번 바뀌어 익숙해진 문화는 과거로 되돌아가기가 절대 쉽지 않다. 그러므로 4차 산업혁명으로 대변되는 새로운 시대를 과감히 준비한다면 우리에게는 다시 한번 국력이 크게 신장할 수 있는 엄청난 기회가 될 것이다.[1]

지금은 코로나19가 세계를 덮친 후 팬데믹 단계로 완전히 접어들었다. 불과 수년 전 일인데도 초기 단계에 있었던 많은 급박한 상황과 이로 인한 사회적 혼란을 상당 부분 잊어버린 것 같다. 예를 들면 마스크 대란이 일어났다. 마스크를 사기 위해 이 약국 저 약국을 찾아다니고 마스크 재고를 확인하기 위한 앱과 확진자와 동선이 겹치는 사람을 추적하기 위한 앱도 나왔다. 다수가 모이는 것을 금했던 시기였으나 어느 종교단체의 비밀스러운 대면 집회로 인해 전국적으로 확산되는 계기가 됐다. 일상생활에도 큰 변화가 있었다. 외출이 자제되고 자가격리나 재택근무 등이 확산되면서 배달과 택배 산업이 급성장했다. 여행은 감히 생각도 못 하고 해외여행은 99.9%가 줄어들었다.

2023년 5월 코로나19 엔데믹이 선언됐다. 2020년 1월 30일 이후 코로나 팬데믹을 유지해 온 지 3년 4개월 만이다. 많은 부분이 정상화되고 있지만 임시조치로 과하게 조치된 것 중 일부가 환원되는 것이지 큰 그림에서 보자면 한 번 바뀐 문화는 다시 과거로 돌아가지 않고 현재 상태에서 변화가 진행되고 있다. 사회 전반적으로 변화가 자리를 잡아가는 단계인 뉴노멀로 접어든 것이다. 예를 들면 재택근무와 비대면이 사무실 근무와 대면으로 다시 환원되고 있지만 줌을 통한 회의나 교육이 훨씬 편하다는 것을 경험했기 때문에 하이브리드 워크가 정착되고 있다. 이렇게 코로나19가 우리 삶에 가져온 많은 변화는 엔데믹 이후에도 뉴노멀로 계속될 것으로 예상된다.

2.

경영 환경의 변화에
어떻게 대응할 것인가

　지금의 경영 환경은 코로나19 발생, 러시아의 우크라이나 침략 전쟁, 미국과 중국 등 강대국을 중심으로 한 지정학적 불안정, 기후 변화 등으로 인한 자연재해 발생 등으로 인해 영구적 위기 시대를 맞고 있다. 그 결과 어느 때보다도 세계 경제 전망은 한 치 앞을 예측할 수 없을 정도로 불투명하다. 우리는 이러한 메가트렌드의 변화에 어떻게 대처해야 할까?

　역사를 되짚어보면 위기가 진행되면서 많은 것이 바뀌게 되고 그 바뀐 것들이 발전된 형태로 사회에 정착된다. 즉 위기를 극복하면 뉴노멀 시기가 오고 그것이 정착되면서 새로운 시대가 전개되다가 또 다른 위기가 찾아오고 그걸 극복하면 또 다른 뉴노멀 시기가 오는 '위기 시기 - 뉴노멀 시기 - 평상시'라는 3단계가 수년, 수십 년을 주기로 반복되는 것이 세계 경제 흐름이다.

예를 들어 1930년대 세계 경제 대공황은 차치하고라도 최근 1970년대 두 차례 오일쇼크, 1997년 IMF 구제금융, 2000년 IT 버블 붕괴, 2008년 글로벌 금융 위기, 2019년 코로나 팬데믹 등 큰 위기를 겪었다. 글로벌 금융 위기 때를 보면 많은 기업이 채무 비율을 200% 이하로 낮추고 사업과 인력의 대대적인 구조조정을 단행했다. 살아남은 기업은 더 발전했고 그렇지 못한 기업은 도산했다. 그렇게 뉴노멀 시기에 들어섰다.

코로나19 대유행 이전과는 다른 새로운 일상은 기존 일상에서는 경험할 수 없었던 새로운 규제, 제약, 변화된 가치관 등을 포함한다. 온라인 강의나 재택근무, 배달 문화 등이 대표적인 뉴노멀의 사례다. 그러면 지금은 코로나19 위기가 끝나고 뉴노멀의 시기로 들어선 것일까? 아직은 좀 빠르지만 많은 변화가 정착되고 안정화되면서 사회가 더욱 발전되는 뉴노멀의 초기 단계로 보는 것이 옳을 것 같다. 결국 위기 극복 전략을 수립하고 새로운 인프라를 구축하여 지속성장하는 기업으로 변신하는 대응 전략이 절실한 때다.

지속성장하는 기업이 되기 위해서는 운영 체계는 가치 주도 정책, 전략 수립은 데이터 주도 정책, 의사소통은 스마트 주도 정책을 근간으로 해야 한다.

지속적인 성장

가치 주도 경영

가치 주도 경영은 기업 내 모든 이해관계자의 가치를 창출하고 극대화하는 데 중점을 둔 경영 방식이다. 단순히 재무 성과나 이익에 관한 것이 아니라 조직의 전반적인 성공에 기여하는 다양한 측면을 포괄하는 전체적인 관점이다.

원가를 줄이고 이익을 극대화하기 위해서는 기업 전반의 운영 체계를 자동화, 무인화, 스피드화해야 한다. 결국 고객 – 회사 – 협력사 간의 흐름인 공급망 관리를 온라인화하는 것에 사활을 걸어야 한다. 이러한 밸류체인이 중간중간 단절되고 사람이 임의로 개입되어 있다면 기업의 경쟁력은 뒤처져 있다고 봐야 한다.

지금까지는 군이 고객을 생각 안 하고 상품만 잘 만들면 팔리던 양적 팽창 시대였다면 지금은 인구도 줄고 경제도 침체되고 모든 것이 불확실한 수축 사회로 접어들었다. 고객에게 상품이나 서비스 그 자체를 파는 것이 아니라 '가치'를 팔 수 있어야 한다. 그래야 기업에도 '가치'가 남을 것이다. 가치 주도 경영의 핵심 요소는 다음과 같다.

1. 이해관계자에 대한 집중

직원, 고객, 주주, 공급업체, 커뮤니티를 포함한 모든 이해관계자를 위한 가치를 창출하는 것이다.

2. 목표와 목표의 정렬

조직의 목표와 목표를 가치 창출과 일치시키는 작업이 필요하다. 이는 직원, 부서, 회사가 설정한 목표가 모두 가치 창출에 기여해야 함을 의미한다.

3. 장기적 관점

단기적인 이익보다는 지속 가능성과 미래 성장을 고려하는 장기적인 관점에서 이루어져야 한다.

4. 성과 측정

수익이나 이익과 같은 전통적인 재무 지표와 함께 고객 만족도, 직원 참여, 환경 영향과 같은 가치 창출을 반영하는 지표를 사용한다.

5. 윤리적 행동

윤리와 사회적 책임은 가치 주도 경영에서 중요한 역할을 한다. 조직은 재정적으로 생존할 수 있을 뿐만 아니라 윤리적으로도 건전하고 사회에 긍정적으로 기여하는 방식으로 운영되어야 한다.

6. 의사결정

가치 창출에 미치는 영향을 최대한 고려하여 의사결정을 한다. 의사결정이 이해관계자의 가치에 어떤 영향을 미칠지에 대한 철저한 분석을 기반으로 해야 한다.

7. 조직문화

가치 창출을 장려하는 조직문화를 만드는 것을 목표로 한다. 직원들이 자신의 역할에서 가치를 창출하도록 동기를 부여하고 인센티브를 제공하는 환경을 조성해야 한다.

8. 혁신과 적응

시장과 산업 상황이 지속적으로 진화하고 있으므로 이러한 변화에 대처하고 지속적으로 가치를 제공하기 위해 혁신과 적응을 적극적으로 권장한다.

결론적으로 가치 주도 경영은 다양한 이해관계자들을 위해 다양한 방식으로 가치를 창출하는 데 중점을 둔 비즈니스 관리에 대한 전체적인 접근 방식이다. 재무 성과뿐만 아니라 윤리적, 사회적, 환경적 고려 사항들과 통합하는 균형 있는 경영 방식이라 할 수 있다.

데이터 주도 경영

감으로 경영하는 시대는 끝났다. 물론 사업이 성공하기 위해서는 운도 따라야 하지만 회사 경영을 감각과 운에 의존할 수는 없지 않은가? 특히 과거의 성공 방정식에 도취되어 '라떼는……'을 반복한다면 미래가 없는 조직이 될 것이다.

데이터 주도 경영은 직관이나 관찰에만 의존하지 않고 데이터 분석에 기반한 의사결정을 강조하는 전략이다. 이 접근 방식은 실제 증거와 사실 정보에 기반을 두고 있기 때문에 의사결정의 정확성, 효율성, 전반적인 품질을 크게 높일 수 있다.

거래 시 발생하는 데이터, 생산시설에서 발생하는 데이터, 창고나 물류장비에서 발생하는 데이터, 고객의 소리, 임직원의 생산성 데이터 등 회사 내에서 발생하는 데이터는 물론이고 협력사나 점포 등 데이터 유발 장소에서 발생하는 데이터, 공공기관이나 금융기관에서 발생하는 데이터 등은 구하려고 하면 얼마든지 구할 수 있다. 특히 원자재 가격의 등락이 제품 원가나 회사 경영에 심대한 영향을 미친다. 글로벌 원자재 가격 예측 시스템을 만들거나 외부 시스템을 사용료를 내고 사용하면 질 좋은 외부 데이터를 얼마든지 사용할 수 있다.

마케팅만 하더라도 행사나 광고 일변도에서 벗어나 디지털 마케팅이나 퍼포먼스 마케팅으로 빠르게 진화하고 있다. 경영효율을 위한 전사적 자원관리 시스템 구축 시 과거에는 업무 프로세스 중심으로 구축됐다면 지금은 전사적 자원관리에서 수집되고 관리되는 데이터를 어떻게 분석해서 경영관리, 영업, 마케팅, 생산, 물류, 고객관리, 연구개발R&D 등에 활용할 것인가 하는 분석 업무에 중점을 두고 있다.

데이터의 필요성 때문에 사내에 데이터 웨어하우스나 데이터 마트 등을 만들어야 한다고 주장한다. 대규모 데이터 웨어하우스DW 프로젝트를 하지만 사실은 방대한 양의 데이터를 자체적으로 수집하거나 관리하기가 그리 쉽지 않을 뿐만 아니라 자칫하면 본연의 목적인 데이터 활용에 집중하는 것이 아니라 부수적인 업무인 데이터관리만 하다가 데이터 운영이 부실해지는 사례가 많다. BI 프로젝트의 경우도 어떤 데이터를 어떻게 분석해서 누가 활용할 거냐를 결정하고 거기에 맞는 분석시스템을 구축해야 한다. 대개는 전 임원과 관리자가 사용한다는 미명하에 방대한 기능과 방대한 양의 시스템을 만들다가 중단하거나 실패하는 사례도 많다. 분석할 데이터가 없어서가 아니라 임직원들의 데이터 조작 역량이 부족하고 데이터 활용 마인드 또한 없는 것이 데이터 주도 경영의 가장 큰 걸림돌이다.

데이터 주도 경영의 핵심 요소는 다음과 같다.

1. 데이터 수집

데이터 기반의 첫 번째 단계는 정확한 고품질 데이터를 수집하는 것이다. 데이터는 제조, 판매, 고객 피드백, 웹사이트 분석, 소셜미디어 등과 같은 다양한 소스에서 나오는데 이를 잘 모으고 정제하는 일이 데이터 웨어하우스나 데이터 마트의 주 업무다.

2. 데이터 분석

데이터가 수집되면 패턴, 추세를 발견하고 통찰력을 얻기 위해 분석해야 한다. 통계적 방법, 예측 모델링, 기타 데이터 분석 기술을 사용하는데 이를 빅데이터 업무라 하며 숙련된 데이터 분석가가 필요하다.

3. 데이터에 입각한 의사결정

데이터 분석에서 얻은 통찰력은 의사결정을 하는 데 사용된다. 기업의 전략적 방향 설정, 경영관리, 자원 할당에서부터 개선 영역 파악에 이르기까지 기업경영 전반에 걸친 모든 의사결정이 데이터에 입각해서 운영되어야 한다.

4. 실시간 모니터링

데이터를 실시간으로 모니터링하고 활용하는 시스템이 구축되어 있어야 변경 사항을 신속하게 식별하고 대응할 수 있다.

5. 지속적인 개선

더 많은 데이터를 수집 분석하여 얻은 통찰력을 활용하여 현행 업무를 지속적으로 개선할 수 있다.

6. 데이터 리터러시

데이터 주도 경영을 효과적으로 구현하려면 임직원들이 데이터를 해석하고 사용하는 방법을 이해해야 한다.

데이터 주도 경영은 더 정확한 의사결정, 효율적인 운영, 추세 또는 변화 예측 등과 같은 많은 이점이 있다. 그러나 데이터 수집, 분석, 해석 기능에 상당한 투자를 해야 한다.

스마트 주도 경영

지금의 소비문화를 바꾸어가는 주체는 MZ세대다. MZ세대의 성향으로 많은 것이 발전되어 가기 때문에 기존 세대는 허겁지겁 그 뒤를 쫓아가는 형국이다. 예를 들어 많은 요식업 점포에서 키오스크를 통해 주문을 받고 있다. 사용 방법을 모르면 햄버거도 사 먹지 못하는 시대가 온 것이다. 테이블에 부착된 태블릿을 통해 주문하거나 자신의 스마트폰을 통해 주문하는 음식점도 늘어나고 있다. 은행, 증권의 경우 점포를 방문하여 일을 보는 인구가 엄청나게 줄었다. 대부분 스마트폰을 이용해 금융 업무를 본다. 오히려 직원의 안내를 받는 것보다 비대면으로 본인이 직접 하는 것을 더 선호하고 있다. 따라서 이것도 뉴노멀의 하나일 것이다.

사내에서도 임직원의 업무는 물론 인사 업무 등도 모두 앱이나 챗봇으로 본인이 직접 조회하고 처리한다. 고객과 임직원 모두 디지털화가 가능하므로 모든 소통 방식을 스마트하게 개편하고 새로운 기술을 적용해야 한다. 요즘 제일 비싼 것이 인건비라고 한다. 직원이 많으면 많을수록 업무 처리가 더 지연되는 것은 본인의 존재 이유를 위해 역할을 만들고 본인을 거쳐 가게 하기 때문이다. 그래서 생산 현장은 물론 사무 부문까지도 과감히 무인화, 자동화를 추진하는 것이 바로 디지털 전환의 목적이다.

스마트 주도 경영의 핵심 요소는 다음과 같다.

1. 기술 통합

인공지능, 기계학습, 사물인터넷 장치, 고급 분석과 같은 스마트 기술을 사용하여 비즈니스 운영과 의사결정을 주도한다.

2. 데이터 분석

대량의 데이터를 실시간으로 분석하여 추세와 결과를 예측함으로써 신속하고 정확하게 의사결정을 내린다.

3. 자동화 및 실시간 모니터링

스마트 기술은 많은 일상적인 작업을 자동화, 무인화한다. 사무직의 경우 이렇게 자동화하여 남은 시간을 전략적 의사결정에 집중할 수 있다.

4. 커뮤니케이션의 향상

스마트 기술은 자동화된 고객 서비스 봇이나 디지털 협업 플랫폼과 같은 도구를 통해 사내 커뮤니케이션 또는 고객과의 커뮤니케이션을 향상할 수 있다.

5. 하이브리드 워크

임직원의 생산성 향상과 삶의 질 향상을 위해 사무실 근무와 재택(원격) 근무를 혼합하여 운영하는 하이브리드 워크도 스마트 기기의 활용과 스마트한 관리 기법이 기반이 되어야 한다.

7장

플랫폼이
세상을
지배한다

BUSINESS
DIGITAL
REVOLUTION

1.

플랫폼 비즈니스의 기회를 찾자

　플랫폼이란 기차를 타고 내릴 수 있는 장소를 말한다. 쉽게 얘기하면 기차역, 공항, 고속버스터미널도 플랫폼이다. 사람이 타고 내리는 기능은 기본이고 주위 기반시설이 잘 갖추어 있고 접근성이 좋아야 플랫폼으로서 성공할 수 있다.

　서울역의 비즈니스 모델은 무엇일까? 목 좋은 곳에 큰 역사를 짓고, 열차가 교행하고 돌릴 수 있을 정도로 많은 철로를 깔고, 승객에게 기차표를 판매하는 것은 기본이다. 이용객을 많이 유치하려면 마트, 식당, 약국, 카페, 결혼식장, 회의실 등 다양한 편의시설을 늘려나가야 한다. 역사 내 편의시설뿐만 아니라 역사 주변의 상권과 교통 인접성 등이 좋아야 플랫폼으로서 제 역할을 할 수 있다.

미국 시카고에 있는 오헤어O'Hare 국제공항은 공항 내에 큰 호텔이 들어와 있고 시내로 들어가는 지하철역이 연결되어 있어서 더없이 편리하다. 미국 전역에서 허브 공항인 오헤어 공항에 모여서 회의도 하고 숙박도 한다. 다시 돌아가기도 쉽고 환승하기 위해 기다리는 동안 숙박하거나 사무를 보는 것도 편리하다 보니 자연스럽게 이용객들이 늘어나고 있다.

서울역의 경쟁자는 없을까? 고속버스와 비행기가 있다. 기차는 고속버스보다는 빠르고 안전하지만 비행기보다는 느리다. 하지만 공항까지 안 나가고 시내 한복판에서 타고 내릴 수 있는 것이 큰 장점이다. 기술의 발전도 플랫폼 인프라에는 큰 차별화 요소가 된다. 지금은 시속 300킬로미터의 KTX가 있어서 고속버스는 물론 비행기와도 경쟁이 가능하지만 과거 무궁화호 시절에는 속도나 서비스 측면에서 고속버스에 밀리는 상황이었다. 이렇게 플랫폼은 기반시설을 갖추고 서비스를 만들어서 사용자를 늘려나가다 보면 인접 산업과 경쟁을 할 수밖에 없다.

우리의 하루는 플랫폼으로 시작해서 플랫폼으로 마친다고 해도 과언이 아니다. 하루를 생각해보자. 스마트폰 알람에 잠을 깬다. 음악 플랫폼에서 좋아하는 노래로 모닝콜을 해놓을 수 있다. 출근을 위해 택시 호출 플랫폼에서 택시를 불러 도착 시각에 맞춰 집을 나선다. 차 안에서 포털 플랫폼으로 뉴스를 보고 동영상 플랫폼에서 관심사를 검색한다. 공유오피스 플랫폼에 접속해 사무실 자리를 배정받고 회의는 화상 회의 플랫폼을 이용한다. 저녁 약속을 위해 예약 플랫폼에서 리뷰를 보며 레스토랑을 예약한다. 집에 와서 운동 플랫폼에 접속해 인공지능 트레이너의 지도를 받고 쇼핑 플랫폼에서 장을 본다. OTT 플랫폼에서 영화를 보고 스마트폰으로 가전제품과 조명을 끄고 잠자리에 든다.

이렇게 편리한 기능들이 몇 개의 초대형 플랫폼에서 모두 구현된다. 한 번 거대해진 플랫폼은 그 어떤 사업을 추가해도 성공하니 문어발식 사업 확장은 식은 죽 먹기다. 과거엔 대형 쇼핑몰이 생겨 주변 지역 상권에 영향을 줬다면 지금은 온라인 플랫폼이 전국적으로 영향력을 발휘하고 있다. 플랫폼 업체의 독과점과 문어발식 사업 확장이 논란이 되면서 규제해야 한다는 여론이 팽배하다. 반대로 세계적인 추세인 플랫폼 사업에 족쇄를 채우면 국가 경쟁력만 떨어질 거라는 우려의 목소리도 높다.

플랫폼이 일반 사업자들에게 무조건 나쁜 것은 아니다. 플랫폼에서 웹툰이 유통되면서 만화 작가의 등용문은 넓어졌고 만화를 원작으로 제작한 영화는 K-콘텐츠의 한 장르가 됐다. 농어민들은 중간 상인 없이 플랫폼에서 자신의 상품을 직접 유통할 수 있게 됐다. 언론인, 방송인이 되려는 사람들은 신문사나 방송사에 어렵게 입사하지 않아도 플랫폼에서 인플루언서나 유튜버로 얼마든지 활동할 수 있는 시대다. 지금 플랫폼의 문제는 문어발식 사업 확장과 폭리를 취하는 거대 플랫폼뿐만 아니라 변화하지 않으려는 기존 사업자들 모두의 책임이다. 이것을 어떻게 해결해야 할까?

첫째, 플랫폼 사업자와 참여자 간 공정한 대가代價 체계를 확립해야 한다. 플랫폼 이용 수수료가 높아 중소상인이나 일반인의 부담이 가중되고 있다. 더불어 참여자들이 제공하는 콘텐츠나 서비스에 대해 적정한 대가를 받지 못하고 있다.

둘째, 기존 사업자들도 디지털 환경에 맞게 변화하려고 노력해야 한다. 세상은 빠르게 변하고 있는데 과거의 방식을 고집한다면 냄비 속 개구리처럼 서서히 몰락할 수밖에 없다. 승차 공유 플랫폼 택시의 확장으로 어려움에 봉착한 부산개인택시조합은 수수료 0원의 '택시 호출 공공 앱'을 만들어 하루 1만 회 이상 호출을 기록할 만큼 성공적으로 변화한 사례가 있다.

셋째, 국내 플랫폼을 글로벌 플랫폼으로 성장시키기 위한 국가적 지원이 있어야 한다. 과학기술정보통신부의 인터넷 트래픽 조사에 따르면 네이버의 점유율은 2.1%에 불과하다. 그에 비해 구글은 27.1%, 넷플릭스는 7.2%를 점유하고 있는데도 세금이나 망 사용료 납부 규모는 국내 사업자에도 못 미치고 있다. 국내 플랫폼 사업자와 참여자에게만 비난과 규제가 가해지는 양상은 막아야 한다. '제2의 삼성' 같은 글로벌 기업은 인터넷을 기반으로 한 플랫폼 사업에서 기대할 수 있기 때문이다.

규제만이 답은 아니다. 규제로 변화를 막을 수는 없으며 단지 늦추거나 오히려 더 강한 내성을 갖게 할 뿐이다. 글로벌 플랫폼 사업자들은 이미 메타버스를 넘어 우주를 차지하기 위한 경쟁을 벌이고 있다. 1차 산업혁명 시대 영국에서 마차 사업을 보호하려고 자동차 운행을 규제했던 '붉은 깃발법'이 지금의 우리나라에서 재현돼서는 안 될 것이다.[1]

2.

플랫폼이 되지 않으면 성장할 수 없다

한동안 웬만한 기업이나 공공기관들이 자사가 속한 사업의 영역에서 자사가 최고 플랫폼이라고 강조했다. 예를 들면 통신사, 은행, 카드사, 의료기관 등이다. 하지만 지금은 좀 조용하다. 플랫폼은 수많은 데이터가 모이고 수많은 이용자가 북적여야 한다. 그런데 이러한 기관들은 오로지 자사의 영역에서 자사의 사업에 관련한 데이터와 처리 시스템만 갖고 있기 때문이다. 드디어 자사가 플랫폼이 아닌 걸 알았다는 얘기다.

마찬가지로 데이터를 가장 많이 갖고 있는 빅데이터 전문 회사라고도 했다. 통신사들은 자사의 통신망 사용자에 대한 통신 내역 데이터만 가지고 있는 거고 카드사는 자사의 카드를 쓰는 사용자의 거래 내역, 그것도 상세 내역이 없는 총액 개념의 거래 데이터만 갖고 있다. 예를 들어 A백화점에 가서 B카드를 사용했다면 B카드사는 총액만을 승인하게 된다. A백화점의 포스POS 시스템 안에만 있기 때문에 B카드사는 구매 상세 내역을 알 수 없기 때문이다.

아무튼 우리는 종일 스마트폰을 끼고 플랫폼 안에서 살고 있다. 그런데 문제는 모든 기능을 몇 개의 초거대 플랫폼이 다 잡고 있다는 것이다. 가히 시장 지배적 포털이다. 사용자 입장에서는 한 플랫폼만 들어가면 모든 것이 다 해결되기 때문에 오히려 편할 수 있다. 하지만 사업의 쏠림 현상, 즉 독과점으로 인한 여타 사업자들의 피해가 속출하고 있다.

예를 들어 신문을 보자. 신문 구독자 입장에서 보면 여러 신문을 보기 위해 일일이 각 신문사 홈페이지를 찾아 들어갈 필요 없이 네이버의 첫 화면에서 국내 모든 신문을 한 번에 다 볼 수 있어 편리하다. 하지만 신문사의 입장에서는 종이 신문의 정기 구독료 수입보다는 네이버에서 사용자들이 얼마나 기사를 검색했느냐 하는 클릭 수에 따라 네이버로부터 돈을 받기 때문에 네이버가 갑 중의 갑일 수밖에 없다. 그러다 보니 언론의 본분보다는 수익을 위해 사용자들의 클릭 수를 늘려야 하므로 자극적인 제목을 붙이는 경우도 있어서 건전한 언론의 역할을 제대로 하기 어려운 상황으로 치닫고 있다.

상품을 판매하는 기업도 온라인상에서 상품을 팔기 위해서 네이 버나 카카오 등 초대형 플랫폼에 입점해야 하는데 그 수수료가 백 화점 입점 수수료 못지않게 비싸다. 최저가로 팔면서 물건 원가, 플랫폼 수수료, 검색 광고비, 배달비를 제하고 나면 남는 것이 없 을 지경이다.

3.

플랫폼에서 산업 간 경계가 무너진다

플랫폼 사업자들은 문어발식으로 마구 사업 영역을 넓히는 것이 문제고 기존 사업자들은 변화하지 않으면서 플랫폼 사업자 탓만 하면서 뒷다리를 잡으려고만 하는 것이 문제다. 결국 양쪽이 다 문제점을 갖고 있다. 초거대 플랫폼의 경우 이미 많은 사용자를 모으고 많은 서비스를 제공하고 있으니 그 플랫폼 위에 어떤 사업이든 추가할 수 있다. 이것이 이용자가 많은 초거대 플랫폼의 장점이자 횡포이기도 하다.

카카오택시는 시장점유율이 제일 높다. 그래서 개인 사업자들은 카카오택시의 배차 알고리즘 문제와 이용료 부담에도 불구하고 카카오택시를 안 하자니 빈 택시로 다녀야 하기 때문에 울며 겨자 먹기로 하고 있다. 여기에 맞서 부산의 개인택시조합은 직접 택시 호출 앱을 만들고 이용료를 무료로 해 이용자들이 많아져서 사업자와 고객 모두 윈윈하는 좋은 성공 모델을 만들었다.

금융도 플랫폼에 휘둘리고 있다. 5개 지방은행이 2022년도에 신규 취급한 가계신용대출 4조 7,052억 원 가운데 52.4%(2조 4,699억 원)가 토스, 카카오페이, 핀다 등 플랫폼에서 이뤄졌다. 상위 10개 저축은행의 플랫폼 종속도도 34.2%로 높은 편이다. 플랫폼사에 지불하는 대출 중개수수료율이 1%대에서 지금은 2%를 넘어서고 있다. 대출뿐 아니라 카드발급에서도 플랫폼 종속 현상이 나타나고 있다. 카드업계에 따르면 2022년 발급된 카드 가운데 48.1%는 인터넷·모바일에서 발급됐다. 이 비중은 2019년 26.6%에서 3년 만에 20%포인트 이상 높아졌다. 플랫폼에 지불하는 카드발급 수수료도 건당 3~5만 원에서 현재는 10만 원을 훌쩍 넘어섰다. 2019년 10개 저축은행과 5개 지방은행의 플랫폼 대출 비중은 각각 0.6%, 1.7%에 불과했다. 플랫폼에 종속되는 데 걸린 시간이 불과 3년이다. 대출 중개 플랫폼이 2021년 15개에서 최근 33개까지 늘었음에도 토스, 카카오페이, 핀다 점유율은 오히려 확대되었다.

2022년에는 3사 중에서도 특히 토스의 점유율이 50.4%로 전체 플랫폼 가운데 절반 이상을 차지했다. 카카오페이(25.2%)와 핀다(20.3%)를 합친 비중보다도 높았다. 플랫폼을 통한 금융 업무가 고

금융권의 플랫폼을 통한 가계신용대출 가운데 토스·카카오페이·핀다의 점유율

(단위: %)

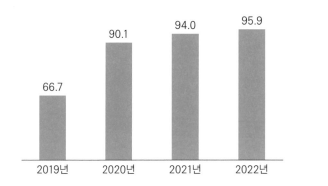

66.7
90.1
94.0
95.9

2019년 2020년 2021년 2022년

5개 지방은행*의 신규 가계신용대출 규모와 플랫폼 통한 대출 규모

(단위: 원)

■ 가계신용대출 ■ 플랫폼 통합 대출 ━ 종속도

6조 —

52.4%

4조 8,298억
5조 955억
4조 7,052억

2조 6,510억

4조 —

45.4%

17.6%

2조 —
2조 3,177억
2조 4,699억

1.7%
462억
8,501억

0

2019년 2020년 2021년 2022년

*BNK경암·부산·대구·전북·광주은행

10개 저축은행*의 신규 가계신용대출 규모와 플랫폼 통한 대출 규모

(단위: 원)

■ 가계신용대출 ■ 플랫폼 통합 대출 ━ 종속도

20조 —

15조 —
15조 9,714억

14조 1,175억
12조 987억

10조 —
9조 7,123억

34.4%

24.1%

5조 —
8.1%
3조 8,634억
4조 1,681억

0.6%
610억
1조 1,571억

0

2019년 2020년 2021년 2022년

*SBI·CK·웰컴·페퍼·한국투자·상상인·KB·다음·애큐온·모아저축은행

객 접점이 약한 금융회사에는 기회라는 시각과 함께 금융회사가 '납품회사'로 전락하고 있다는 시각이 공존한다. 플랫폼은 고객의 편의성을 높여준다는 장점이 있지만 시장 지배력을 키운 후 과도한 이윤을 추구해왔던 점도 꾸준히 지적받아왔다. 플랫폼의 시장 지배력에 대한 우려가 커지는 만큼 이제는 고객뿐 아니라 입점 금융사와의 상생 방안도 모색해야 할 시기이다.[2]

플랫폼 사업자들이 좁은 한국을 벗어나서 해외로 진출하는 것은 어떨까? 베트남의 예를 보자. 베트남은 여타 저개발국가가 그랬듯이 PC 기반의 인터넷 유선망 시대를 거치지 않고 바로 무선 스마트폰 시대로 일찍이 진입했다. 집 안에 광케이블이나 PC는 없고 모두 스마트폰을 쓴다는 얘기다. 카카오 T는 차량호출앱으로 베트남에 진출했으며 2023년 6월에는 베트남 최대 기업인 빈그룹의 자동차 회사인 빈패스트와 업무협약을 맺고 전기택시 호출 플랫폼과 카카오 T의 고정밀 지도 등 맵과 모빌리티 기술을 연동하기로 했다.

하지만 카카오나 네이버가 베트남이나 동남아시아에서 후발 사업자로서 사업을 하기는 그리 만만치 않다. 베트남에는 이미 국민 메신저 앱 잘로가 있고 오토바이 기반의 배달 서비스와 승차 공유 서비스를 하는 플랫폼 그랩이 성업 중이다. 이미 1억 명의 인구가 기능이 뛰어나고 관습이나 결제 관행 등을 잘 반영한 잘로와 그랩에 익숙하다. 특히 잘로는 다양한 기능을 구비하고 있어서 일반 기업에서도 사내 시스템으로 사용할 정도로 활용도가 높다.

일본에서 네이버의 라인이 성공했듯이 차라리 동남아보다는 스마트폰이 늦게 보급된 나라에서 국내 플랫폼의 사업 가능성이 커 보인다. 얼마 전 뉴욕증권시장에 상장한 쿠팡은 미국이나 해외에 진출할 의향이 있느냐는 질문에 없다고 대답해 화제가 됐다. 아마 전 세계를 꽉 잡고 있는 아마존이나 알리바바를 크게 의식했을 것이다. 그만큼 해외 진출은 쉽지 않다.

향후 대부분 플랫폼 사업자들은 금융과 광고에서 맞닥뜨릴 것으로 예상된다. 개인 간 중고상품 교환 플랫폼인 당근마켓은 사용자를 모으는 데는 성공했지만 뾰족한 수익 모델이 없으니 결국 광고와 결제를 통해 수익원을 만들려고 할 것이다.

4.

플랫폼 사업에 영원한 1등은 없다

전 세계 플랫폼 사업자 순위를 보면 1위 애플, 2위 구글, 3위 마이크로소프트, 4위 아마존, 5위 알리바바, 6위 텐센트, 7위 메타, 8위 페이팔, 9위 스냅, 10위 우버 순이다. 이들 플랫폼 사업자들은 다양한 산업에서 영향력을 행사하고 있다.

애플은 스마트폰, 태블릿, 컴퓨터, 음악, 앱, 게임, 클라우드 컴퓨팅 등 다양한 분야에서 영향력을 행사하고 있다. 구글은 검색, 광고, 지도, 안드로이드, 클라우드 컴퓨팅 분야에서, 마이크로소프트는 윈도, 오피스, 엑스박스, 클라우드 컴퓨팅 분야에서, 아마존은 전자상거래, 클라우드 컴퓨팅, 인공지능, 자율주행차 분야에서, 알리바바는 전자상거래, 클라우드 컴퓨팅, 인공지능, 자율주행차 분야에서 영향력을 나타내고 있다. 텐센트는 게임, 소셜미디어, 클라우드 컴퓨팅, 인공지능, 자율주행차 분야에서, 메타는 소셜미디어, 클라우드 컴퓨팅, 인공지능, 자율주행차 분야에서, 페이팔은 결제, 송금, 투자 분야에서, 스냅은 소셜미디어, 광고, 인공지능 분야에서, 우버는 승차 공유, 배달, 자율주행차 분야에서 영향력을 나타내고 있다.

국내의 경우 가장 큰 플랫폼 중 하나인 카카오는 카톡으로 이용자를 모아 쇼핑, 광고, 결재 등에서 수익원을 창출하고 있다. 금융 포털처럼 소액 대출시장이나 중소 자영업자를 대상으로 한 대부업 진출 등 금융업으로의 사업 확대를 호시탐탐 노리지 않을까 생각된다.

처음부터 금융 포털로 시작한 토스는 신생 금융 플랫폼 중에 가장 경쟁력과 파괴력이 있다. 우리나라 금융은 은행, 카드, 증권, 생명보험, 화재보험, 투자신탁 등 업종별로 칸막이가 명확하게 처져 있다. 토스는 이러한 기존 제도와 관행을 무너뜨리면서 금융업의 일대 혁신을 일으킨 플랫폼이다. 토스는 몽고가 짧은 기간 동안 대제국을 건설했던 노마드 경영 방식을 채택하고 있다. 토스의 경영 환경은 독특하다. 첫째, 임직원의 90% 이상이 IT 개발자다. 둘째, 세 명이 할 일을 한 명이 전담하는 방식으로 개발 기간을 크게 단축시켜 서비스 출시가 빠르다. 휴가를 누가 사용해라 마라 관리를 하는 게 아닌데도 불구하고 휴가일수를 다 소진한 임직원이 없다고 할 정도로 모두가 사업에 집중해 있다. 셋째, 회의나 결재 등은 간소화하고 책임과 권한은 듬뿍 주어 빠르고 도전적인 기업 문화를 추구한다. 넷째, 창업자인 대표이사를 비롯해 전 임직원의 평균 나이가 40대 이하의 젊은이들로 이루어졌다. 그러다 보니 수평적인 조직문화에서 유연한 사고와 빠른 의사결정이 가능한 벤처 정신으로 업무가 진행된다.

이에 반해 네이버와 카카오는 창업한 지 30여 년이 되었을 뿐만 아니라 많은 계열사를 거느리고 관여하는 사업 또한 다양하게 늘어나면서 과거의 빠르고 도전적인 스타트업 조직문화를 잃어버리고 대기업처럼 변했다고 한다.

이러한 거대 플랫폼 사업자도 변화의 속도를 따라잡지 못하면 한순간에 사업이 망할 수 있다. 검색 포털과 메일 기능을 제공하면서 선풍적인 인기를 끌었던 야후닷컴은 후발주자들에게 자리를 빼앗기고 지금은 흔적조차 찾기 어려워졌다. 반면 전 세계에 어마어마한 충성고객을 모은 페이스북은 현재에 안주하지 않고 차세대 서비스인 메타버스의 선두주자가 되기 위해 사명까지 메타Meta로 바꾸고 새로운 도약을 준비하고 있다.

오픈AI의 챗GPT와 유튜브와 인공지능 기술 바드bard를 앞세운 구글의 진격에 국민 메신저 카카오톡과 국민 포털 네이버의 입지가 흔들리고 있다. 모바일인덱스 통계에 따르면 2023년 5월 기준 카카오의 카톡 월간 활성 사용자는 4,145만 8,675명으로 1위를 기

국내 플랫폼 월간 활성 사용자 수 순위

(단위: 명)

카카오톡	4,145만 8,675
유튜브	4,095만 1,188
네이버	3,888만 5,316
크롬	3,141만 924
삼성갤러리	3,011만 7,084
구글	2,915만 8,266
쿠팡	2,719만 2,865

(출처: 모바일인덱스)

록했지만 2위인 구글의 유튜브(4,095만 1,188명)와의 격차는 50만 7,487명에 불과했다. 수년 전에는 격차가 200만 명 이상이었던 점을 고려한다면 2023년 하반기에는 유튜브가 카톡을 추월할 가능성이 크다. 오픈서베이에 따르면 최근 정보 탐색 시 이용한 플랫폼으로 유튜브를 꼽은 10대는 85.4%이며 인스타그램은 56.5%로 조사됐다.

검색엔진 시장도 그간 국내에서 절대 강자였던 네이버의 점유율이 구글의 거센 세력 확장에 2023년 2월부터 60% 밑으로 내려앉으며 하락세다. 웹 월간 활성 사용자 1위인 네이버의 점유율은 2023년 1월 64.5%에서 2월 59.6%, 3월 57.3%, 4월 55.9%, 5월 55.7%로 떨어졌다. 반면 2위인 구글의 점유율은 2월 30.0%로 올라선 데 이어 3월 32.3%, 4월 34.0%, 5월 34.8%로 상승세다. 초거대 인공지능인 챗GPT와 바드의 등장으로 기존 검색엔진 시장의 규칙이 바뀔 것으로 예측됨에 따라 네이버 등 여타 플랫폼, 인공지능, 검색엔진 업계에는 위기감이 고조되고 있다.

집 꾸미기 서비스 플랫폼 오늘의집은 사업 초기에는 예쁘게 꾸민 자기 집 거실이나 방을 앱에 올리고 자랑하는 사이트였는데 '그 가구 어디에서 샀어요?' '그 전등은 어디 거예요?'라는 질문이 쇄도하면서 해당 쇼핑몰로 연계하는 서비스를 제공하고 있다. 아마 이후의 비즈니스 모델은 직방과 다방과 같은 부동산 중개업이 아닐까 생각된다.

사실 플랫폼이나 인터넷 사업은 우리나라보다는 외국, 특히 미국에 다양한 성공 모델이 많다. 중고 거래의 경우도 미국에는 차고 세일이 일상화되어서 이것을 온라인화하기만 하면 됐다. 아마 당근마켓은 미국 전역에 크고 작은 중고 거래 사이트를 벤치마킹하지 않았을까? 당근마켓의 성공 요인으로는 93% 이상의 사용자가 구매자 겸 판매자라는 점, 거래 수수료가 없다는 점, 지역 사회를 기반으로 하니 구매자와 판매자 간에 상호 신뢰를 할 수 있다는 점을 들 수 있다.

세계 최대 온라인 미술작품 거래 플랫폼인 아트시Artsy는 온라인을 통해 미술품을 믿고 거래할 수 있는 기반을 만들어 세계적인 경매사인 소더비, 크리스티보다도 영향력이 더 커지고 있다. 일각에서는 온라인 컬렉팅에 익숙한 지금의 젊은 컬렉터들이 향후 전문 컬렉터로 성장했을 때는 시장 판도가 바뀔 수 있다는 분석도 나온다. 또한 젊은 컬렉터나 예술가들이 아트시를 미술 시장의 등용문처럼 여기면서 아트시의 외형적 성장을 견인하고 있다.

　최근 NFT 미술 시장이 새롭게 열리면서 제2의 호황기를 맞고 있다. 미술품 거래는 직접 실물을 보고 감정을 해야 한다든가, 작품을 즐길 수 있어야 한다는 고정 관념이 있지만 온라인 거래의 장점도 많다. 온라인 거래는 부피가 큰 작품을 이동하고 보관해야 하는 불편이 없다. 또 기술적으로 보면 온라인상에서는 확대와 축소가 자유롭기 때문에 섬세한 붓 터치, 물감의 질감, 오랜 세월에 노출되어 그림이 갈라진 것 등이 화면의 깨짐 없이 실물을 직접 돋보기로 확대해서 보는 듯한 장점이 있다. 전 세계 미술관과 박물관 1,200여 곳의 작품을 온라인화한 구글의 아트앤드컬처 앱을 보면 이와 같이 확대나 축소 시 화면이 깨지는 않는 압축 기술을 사용하고 있다.

5.

콘텐츠는 플랫폼을 강력하게 만든다

드라마 「오징어 게임」은 10여 년 동안 묵혀 있던 대본을 넷플릭스에서 200억 원을 지원받아 드라마로 제작하여 전 세계에서 엄청난 성공을 거두었다. 여기에서 「오징어 게임」은 콘텐츠 곧 제작사이고 넷플릭스는 플랫폼 곧 유통사다. 만약 넷플릭스가 없었다면 「오징어 게임」은 존재했을까? 국내 영화사가 만들었다면 대박이 났을까? 넷플릭스의 거대한 전 세계 가입자와 네트워크를 통해 실시간으로 유통되면서 대성공을 거둘 수 있었다. 이것이 플랫폼 비즈니스의 백미다.

그러면 넷플릭스는 가만히 앉아서 돈을 벌었을까? 간단히 생각해도 국내에서 「오징어 게임」이라는 원작을 발굴했고, 드라마 제작을 지원했고, 전 세계에 유통되도록 각국의 언어로 번역했고, 넷플릭스 메일로 전 세계 가입자에게 홍보했고, 그 과정에서 많은 영화 평론가들에게 직간접적으로 영향을 줬을 것이다. 이것이 바로 플랫폼 사업자의 눈에 보이지 않는 사업 역량이다.

사람들은 어디서 「오징어 게임」이 볼 만한 영화인지 정보를 얻을까? 신문? 아니다. 방송? 글쎄. 유튜브를 보면 「오징어 게임」에 관한 영화 평점, 관람 후기가 엄청나게 올라와 있다. 유튜브에 올린 영화평은 내용이나 제작 방식이 다양했고 영화 전문가는 물론 비전문가들도 짧게는 20~30초에서 길게는 20~30분짜리 「오징어 게임」 영화평을 올렸다. 누구나 연예기자, 영화평론가가 되는 세상이다.

요즘 한국 넷플릭스 사무실에는 수십 편의 대본이 접수되고 있다고 한다. 작가나 제작사가 기존 영화사가 아니라 넷플릭스에 줄을 서고 있다. 지금까지는 영화 콘텐츠를 한두 개 플랫폼 사업자가 좌지우지하고 있다. 하지만 디즈니, 애플, 아마존 등이 국내에서 서비스를 개시하게 되면 우리나라 콘텐츠 제공자CP, Contents Provider 들은 콘텐츠를 제작하거나 유통하는 플랫폼을 자유롭게 선택할 수 있을 것이다. 물론 국내 OTT 회사인 tvN, JTBC 등도 제작 경쟁을 하게 될 것으로 보이며 스마트TV 제조사인 삼성과 LG도 자체 콘텐츠를 확보하여 인터넷망을 통해 자사 스마트TV를 사용하는 고

「오징어 게임」 출시 후 넷플릭스 주가 추이

(미국 현지시간, 단위: 달러)

해당 기간
주가상승률 8.95%

2021년
9월 17일

10월 19일

(출처: 네이버)

객들에게 제공하고 있다.

「오징어 게임」을 통해 누가 돈을 벌었을까? 당연히 넷플릭스일 것이고 의외로 트레이닝복 업체와 달고나 업체가 대박이 났다고 한다. 상금 456억 원을 승자가 독식하는 「오징어 게임」이야말로 플랫폼 비즈니스와 콘텐츠 비즈니스를 가장 잘 설명하고 있다. 플랫폼과 콘텐츠의 힘은 역시 대단하다.[3]

8장

새로운
마케팅
전략이
필요하다

BUSINESS
DIGITAL
REVOLUTION

1.

4M 전략으로 생존을 모색하라

코로나 팬데믹 이후 우리의 삶은 더 이상 디지털 문명을 제외하고 논할 수 없게 됐다. 설령 인류가 코로나바이러스를 완전히 극복하고 그 이전 일상으로 돌아간다고 하더라도 가속도가 붙은 디지털 전환을 거스르기는 어렵다. 변혁의 시대를 맞아 많은 기업이 새로운 비즈니스 규칙을 설계하고 있다. 디지털 전환에 기업의 생존 여부가 달린 상황에서 '4M 전략'을 제시하고자 한다.

디지털 혁신 시대에 맞게 전략을 바꿔라

제품Product, 가격Price, 유통채널Place, 촉진Promotion이라는 4요소를 조합한 '4P 전략'은 공급자 관점이자 제조 기업 관점에서 고안된 전략으로 과거 중요한 비즈니스 모델이었다. 4P 전략은 1960년대 제롬 매카시Jerome McCarthy가 설계한 이론으로 지금도 회사 경영의 기본으로 활용되고 있다.

최근에는 시장이 공급자 중심에서 수요자 중심으로 재편됨에 따라 '4C 전략'에 관심이 집중되고 있다. 4C 이론은 1990년대 로버트 로터본Robert Lauterborn이 주창한 이론으로 지금의 웹과 앱에서 이루어지는 이커머스에서도 큰 문제 없이 잘 사용되고 있다. 제품이 고객에게 어떤 가치Customer Value가 있는지, 고객이 얼마나 비용Cost을 지불할지를 우선 고려하게 됐다. 유통채널은 편리성과 접근성Convenience 개념으로 변모했고, 광고와 프로모션 등에 일방적으로 노출되던 고객은 기업과의 양방향 소통Communication을 원하고 있다. 시대가 변하고 복잡해지면서 4P 전략을 발전시킨 4C 전략이 등장했다. 일반적으로 4P는 잘 알려져 있지만 4C는 등장한 지 무려 30년이 지났는데도 적극적으로 잘 활용되지 못하는 것 같다.

최근 등장한 인공지능, 빅데이터, 증강현실·가상현실, 메타버스 등의 신기술로 인해 촉발된 디지털 전환 시대에는 이에 맞는 새로운 마케팅 이론이 필요하다. 특히 기업에서 IT와 디지털 전환을 기반으로 경영하는 경영자는 더더욱 간단하면서도 체계적인 이론적 지원을 바탕으로 변화와 혁신을 선도할 필요가 있다.

그래서 필자는 현장의 경험을 바탕으로 심사숙고한 끝에 4M 전략을 내놓았다. 디지털 전환 시대인 오늘날의 기업은 4C 전략에 이어 4M 전략으로 생존을 모색해야 한다고 생각한다. 4M의 M은 인수합병, 멤버십, 메타버스, MZ세대를 뜻한다. 기업이 가까운 미래를 위해 한발 앞서갈 수 있는 중요한 공략 지점이다. 4M 전략은 인수합병 등을 통한 얼라이언스 전략, 고도화된 멤버십 전략, 현실과 가상을 연결하는 메타버스 전략, 마케팅 트렌드를 이끄는 MZ세대 전략으로 구성돼 있다.

먼저 얼라이언스 전략은 기존 인수합병을 넘어선 새로운 개념이다. 기존 인수합병이 단순히 몸집을 불리는 것이라면 새로운 시대의 협력 관계는 소규모 투자, 플랫폼 공유, 합작투자 설립 등을 통해 동적인 네트워크를 조성하는 것이다. 이들이 만들어낸 융·복합 제품, 집단 지성의 업무추진 속도, 혁신, 유연성 등으로 산업 전체의 선순환 구조를 기대할 수 있다. 둘째, 고도화된 멤버십 전략은 초 개인화된 맞춤형 서비스를 의미한다. 오늘날 빅데이터, 인공지능, 클라우드 컴퓨팅을 바탕으로 진보한 기술로 방대한 개개인의 취향과 경험을 더욱 세밀하게 분석하고 정제할 수 있게 됐다. 이러한 데이터를 이용한 맞춤 서비스로 고객의 소속감을 높이고 충성 고객층을 두텁게 할 수 있다.

셋째, 디지털 전환은 가상현실에서 더욱 빛을 발한다. 메타버스

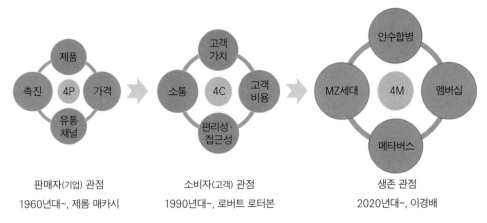

비즈니스 전략의 변화

판매자(기업) 관점
1960년대~, 제롬 매카시

소비자(고객) 관점
1990년대~, 로버트 로터본

생존 관점
2020년대~, 이경배

는 단순히 아날로그가 디지털로 대체되거나 가상과 현실을 연결하는 것이 아니다. 디지털과 아날로그의 융합으로 기업이 현실을 넘어 가상세계로 무한히 확장할 수 있음을 의미한다. 사용자 경험에 중점을 둔 메타버스는 무한한 가상세계로 세상을 넓히는 변곡점이 될 것이다.

마지막으로 오늘날 기업이 가장 눈여겨볼 고객으로 MZ세대를 언급하지 않을 수 없다. 어느 시대든지 젊은 세대는 그 시대의 트렌드를 이끌었고 변화를 주도했다. MZ세대는 어린 시절부터 디지털 환경에서 자라나 디지털 기술을 모국어처럼 자유자재로 구사하는 디지털 네이티브다. 그들은 디지털 기술에 익숙하지 않은 디지털 이민자를 이끌 수 있는 잠재력이 있다. 슈퍼 컨슈머 MZ세대를 겨냥한 제품, 서비스 개발, 마케팅 전략은 오늘날 기업이 고려해야 할 필수 요소다.

제품에서 고객 중심으로

이전부터 변혁 시대에 대비해 온 글로벌 기업들은 기술 혁명과 함께 새로운 비즈니스 규칙을 설계하고 있다. 미국의 아마존은 1994년 작은 인터넷 서점으로 출발했지만 2022년 여름 수익면에서 유통 제왕 월마트를 제쳤다. 간편 결제 시스템인 원클릭, 인공지능 비서인 알렉사, 딥러닝 카메라 등 최첨단 디지털 기술이 아마존을 든든하게 지원했다. 그러나 혁신의 물결 속에서도 본질은 변하지 않았다.

아마존 설립자 제프 베이조스는 앞으로 10년 안에 '무엇이 바뀔 것인가?'보다 '무엇이 변하지 않을 것인가?'에 집중했다. 아마존의 혁신은 단순한 기술 발전에 있지 않았다. 변하지 않는 '고객 중심적 가치'에 집중하면서 비즈니스 구조를 체계화하고 모든 것을 데이터화해서 전자상거래, 고객 경험, 고객 참여 규칙을 재창조했다. 이는 단순 유통업에만 국한된 것이 아니라 제조업, 금융업, 의료계 등 모든 산업군에 해당하는 이야기다. 오늘날 어느 산업이든 기업과 고객을 연결하는 유통업에 대한 기본적인 이해와 고객 중심 사고를 갖추지 않으면 기업의 생존을 장담할 수 없다.

고객은 제품을 넘어 지속적으로 제공되는 서비스에 비용을 치르려 한다. 이제는 제조 중심 기업도 단순히 제품을 제공하는 방식에서 벗어나 직접 고객과 접점을 만드는 고객 중심 서비스를 제공해 경제적 존속성을 추구해야 한다. 테슬라의 '커넥티드카Connected

고객만족

Car'로 대표되는 미래 자동차 산업이 자동차를 단순한 물리적 물체가 아니라 디지털화한 개인 맞춤 서비스를 제공하고 고객과 지속적으로 소통하는 플랫폼으로 바라보는 것과 같은 맥락이다. 본질은 지키되 전통적인 사업 방식을 철저히 혁신하고 신기술과 새로운 비즈니스 모델을 과감히 수용해서 기업 체질을 디지털화하는 것, 이것이 오늘날 기업이 갖춰야 할 생존 전략이다.

글로벌 비즈니스 환경이 전례 없는 위기를 맞고 있는 지금 기업은 더욱 복잡하고 역동적인 선택을 해야 한다. '무엇을 할 것인가'로 두리번거리기보다는 앞으로의 변화를 내다보고 기업의 생존 전략을 돌이켜야 할 때다. 기존 성장 전략 위에 끊임없이 새로운 전략을 모색하고 활용하면서 합리적인 변화를 끌어내야 한다. 그 가운데 디지털 혁신이 요구된다면 '4M'을 중심으로 '백년 기업'의 기틀을 다져야 한다.[1]

2.

4C와 4M 마케팅을 실전에
적용해보자

빵을 판매한다고 가정하고 4P를 설명해보자. 제품Product은 빵, 가격Price은 2,000원, 유통채널Place은 마트, 판촉Promotion은 TV나 신문 광고로 설명할 수 있겠다. 그러면 4C는 어떻게 설명할 수 있을까? 고객이 빵을 먹고 배가 부르면 단순한 제품Product이지만 그 이상의 가치를 느끼면 고객가치Customer Value가 된다. 포켓몬 빵은 띠부띠부씰이라는 스티커를 첨부하여 판매함으로써 매출에 일대 혁신이 일어났다. 고객은 2,000원보다 더 내더라도 기꺼이 가격을 치른다. 이것이 고객 가격Customer Cost이다. 마트에서만 파는 게 아니라 유통채널을 다양화해서 온라인 또는 배달을 통해 쉽게 구매할 수 있으므로 고객에게 편리함Convenience을 제공한다. 홍보 또한 신문이나 TV와 같은 일방향에서 벗어나 SNS나 라이브 방송 등을 통해 적극적으로 고객과 직접 소통Communication을 한다. 4C를 잘 이해하고 구현한다면 거의 최신의 이커머스 마케팅을 할 수 있다.

그렇다면 4M은 어떤 필요에 의해 만들어졌을까? 빵을 먹는데 피자와 아이스크림도 같이 먹고 싶다면 각각 따로 주문하고 배달료도 각각 지불하고 기다려야 한다. 만약 인수합병이나 파트너십을 통해 빵과 피자와 아이스크림을 동시에 판매한다면 어떨까? 고객은 한 번에 주문할 수 있어 싸고 편하고 판매자는 교차판매가 쉽게 이루어져 매출이 증대된다. 그러므로 단일 상품에서 벗어나 인수합병 또는 파트너십을 통해 고객에게 더 편한 서비스를 제공할 수 있어야 한다.

사람들은 어디에 속함으로써 본인의 신분이나 대우가 좋아지기를 기대한다. 예를 들면 운동을 하기 위해 비싼 회원권을 구입하거나 호텔 피트니스를 이용하는 이유는 자기만족에 있고 더 나은 서비스를 받기 위함이다. 또한 항공사 마일리지를 적립해 일정 등급이 되면 라운지를 사용할 수 있고 호텔 마일리지를 모으면 예약 시 여러 가지 우대를 받을 수 있다.

그러면 이런 멤버십을 운영하는 호텔이나 항공사 또는 쇼핑몰의 입장에서는 어떤 이익이 있을까? 누적된 마일리지를 사용하기 위해 계속 이용자가 방문하므로 고객 이탈을 막을 수 있을 뿐만 아니라 우수 고객이 전체 고객 매출의 80%를 차지한다는 80대 20 법칙대로 우수 고객이 매출을 견인하는 것을 예상할 수 있다. 바로 이것이 멤버십이다.

다양한 경로와 채널을 통해 물건을 구입함으로써 편리함을 구현하고 있지만 이제는 가상세계에서 내 아바타가 돌아다니면서 놀고 친구도 사귀고 물건도 구매하는 세상이 됐다. 그렇다고 앱으로 만들어진 인터넷 쇼핑몰이 한순간에 3차원 메타버스가 되는 것은 아니고, 수년간은 앱과 메타버스가 공존하면서 상호 보완하는 역할을 할 것으로 예상된다. MZ세대의 소통 방식과 생활 양식 등을 충분히 이해하고 반영해서 다양한 형태의 소통이 이루어진다면 빠르게 변화하는 시대에 적극적으로 대처할 수 있을 것이다.

메타버스

3.

M세대와 Z세대를 다르게 공략해보자

M세대와 Z세대는 디지털 문화에 익숙하다는 공통점이 있지만 세대별 차이가 뚜렷하다. M세대는 컴퓨터와 인터넷에서 스마트폰을 순차적으로 접하며 디지털 문화를 형성해왔다면 Z세대는 1995년 이후 태어나 모바일과 디지털 환경에 노출된 그야말로 스마트폰을 물고 태어난 디지털 네이티브다.

그러므로 M세대는 컴퓨터 세대이고 Z세대는 모바일 세대라고 할 수 있다. 이 둘은 완전히 성격이 다르며 실제로 M세대가 이해하지 못할 정도로 Z세대는 특유의 개성이 존재한다. 기업의 '꼰대 문

M세대 대 Z세대 뭐가 다를까

	M세대	Z세대
출생연도	1980~1994	1995~2010
인구비중	21%	15.9%
성향 키워드	세계화, 경험주의	현실주의, 윤리
성장과정	디지털 유목민 • IT 발달 시기 성장 • 컴퓨터, 인터넷, 스마트폰을 순차적으로 접하며 디지털 문화 형성	디지털 네이티브 • 모바일, 디지털 환경에 노출돼 성장 • 스마트폰을 신체 일부처럼 사용하는 포노사피엔스
업무를 대하는 자세	특별한 사유가 없는 한 점심은 부서원과 같이 먹어야 한다. 사적 시간이나 가족과의 시간을 희생하면서까지 업무를 한다.	일과 삶의 균형을 중요하게 생각하고 실천한다. 업무보다 나의 개인적 시간의 활용에 더 관심이 있고 가치를 느낀다.

(출처: 한국공공관리학보, 맥킨지코리아, 중앙일보 등)

화'에도 Z세대는 M세대와 다르다. 젊은 세대가 회식을 싫어한다는 건 뭘 모르는 소리다. Z세대는 건배사나 폭탄주 강요가 없는 회식이라면 언제든 환영한다고 한다.

업무를 대하는 자세에도 다소 차이가 있다. M세대는 특별한 사유가 없으면 점심은 부서원과 먹고 개인 시간을 조금 희생하더라도 업무를 중시한다. Z세대는 일과 삶의 균형을 중요시하는 걸 넘어 직접 실천하며 업무보다는 개인 시간 활용에 가치를 느낀다. 앞으로는 M세대와 Z세대를 분리하여 생각할 필요가 있다.[2]

MZ세대라고 최신 유행이나 사고방식만을 쫓아가는 것은 아닌 것 같다. 최근 '할매니얼'이라는 신조어가 생겼다. 할머니의 방언인 '할매'와 1980년대부터 2000년 사이에 태어난 세대인 '밀레니얼'

을 합친 말이다. 할머니나 할아버지가 좋아할 것 같은 입맛과 취향을 가진 밀레니얼 세대를 의미하는데 과거의 것을 신선한 새 문화로 받아들이는 젊은 세대의 특징이 드러나는 단어다.

할매니얼 트렌드는 패션, 음식, 여행 등 다양한 분야에서 나타나고 있다. 패션에서는 할머니 옷장에서 꺼낸 것 같은 옷인 그래니룩이 인기를 끌고 있다. 음식에서는 약과, 떡, 흑임자, 누룽지, 꽈배기와 같은 전통 음식이 인기를 끌고 있다. 디저트 카페들이 할매니얼 고객을 확보하기 위해 떡이나 약과에 신세대가 좋아할 만한 새로운 맛과 디자인을 입힌 신제품을 출시하고 있다. 여행에서는 시골집에서 휴가를 보내는 농캉스와 촌캉스가 인기를 끌고 있다.

할매니얼 트렌드는 젊은 세대가 과거의 것을 신선한 것으로 받아들이고 전통문화에 관심이 있다는 것을 보여준다. 할매니얼 트렌드는 레트로라고 할 수도 있는데 앞으로도 계속해서 이어질 것으로 예상된다.

4.

마케팅의 목적과 방법이 바뀌고 있다

다른 분야와 마찬가지로 마케팅도 계속 진화하고 혁신하고 있다. 고객 데이터를 수집 분석하고, 행동을 예측하고, 작업을 자동화하고, 경험을 개인화하고, 콘텐츠를 생성하는 데 인공지능과 빅데이터가 본격적으로 활용되고 있다. 예를 들어 시청자의 과거 행동을 기반으로 프로그램과 영화를 제안하는 넷플릭스의 추천 알고리즘은 마케팅에서 인공지능을 정교하게 활용한 사례다. 이와 같이 새로운 개념과 기술을 접목한 다양한 마케팅 기법이 활용되고 있다. 몇 가지를 알아보자.

1. 대화형 마케팅Conversational Marketing

실시간으로 고객을 대화에 참여시키는 마케팅 기법으로 챗봇, 소셜미디어, 인스턴트 메시징 앱은 대화형 마케팅을 위한 대표적인 도구다. 도미노피자는 고객이 웹사이트의 챗봇이나 페이스북 메신저를 통해 피자를 주문할 수 있도록 했다.

2. 고객 경험 마케팅Customer Experience Marketing

제품이나 서비스 판매에만 집중하기보다는 이제는 고객의 전반적인 경험을 우선시하고 있다. 사용자 친화적인 웹사이트 디자인에서부터 개인화된 콘텐츠에 이르기까지 모든 것이 포함된다. 애플은 제품의 디자인과 기능은 물론 고객 서비스와 매장 공간에 이르기까지 고객 경험에 중점을 둔 완벽한 사례라고 할 수 있다.

3. 음성 검색 최적화Voice Search Optimization

아마존의 알렉사와 구글 홈과 같은 스마트 스피커의 등장으로 음성 검색은 마케팅에서 점점 더 중요해지고 있다. 음성 검색을 위해서는 콘텐츠와 키워드를 최적화해야 하는데 긴 대화형 키워드를 더 많이 포함할 필요가 있다.

4. 인플루언서 마케팅Influencer Marketing

인플루언서 마케팅은 완전히 새로운 마케팅 기법은 아니지만 인스타그램, 틱톡, 라이브 방송과 같은 소셜미디어 플랫폼은 물론 오프라인 행사에서도 큰 효과를 거두고 있다. 팬덤을 통해 빠르게 입소문을 낼 수 있는 만큼 짧은 시간에 고객을 끌어모아야 하는 팝업 매장에서 특히 효과가 크다. 여의도 더현대서울에서 열린 개그맨 김경욱의 부캐 다나카의 굿즈 판매 행사에는 열흘간 4만여 명의 고객이 방문했다. 다나카의 높은 인기 덕에 일반 의류·잡화류 할인 행사의 평균 매출 대비 두 배 이상의 매출을 올린 것으로 나타났다.[3]

5. 목적 주도 마케팅Purpose-driven Marketing

고객은 기업이 추구하는 의미에 점점 더 많은 관심을 가지게 됐다. 기업은 단순히 수익 창출을 넘어서 사회적, 환경적, 윤리적 대의를 위한 약속을 실행함으로써 사회에 기여하고 있다는 이미지를 부각하여 고객에게 더 강한 기업 이미지를 심는다.

환경 보호를 적극적으로 옹호하는 아웃도어 의류 브랜드인 파타고니아가 대표적인 기업이다. 핀테크 기업인 애스퍼레이션은 자사의 금융 서비스 수수료를 고객들이 직접 결정하도록 할 뿐만 아니라 고객이 정한 가격의 10%를 자선단체에 기부한다. 완두콩 단백질로 식물성 우유를 만드는 리플푸드Ripple Foods는 채식주의자를 대상으로 홍보를 하지 않고 우유를 즐겨 마시는 사람들을 건강과 환경적 이유를 들어 설득함으로써 유명해졌다. 고객이 리플푸드를 선택함으로써 탄소 배출량 감축, 물 사용량 감축, 설탕 섭취 감소에 얼마나 많은 영향을 미쳤는지를 홍보했다. 이렇게 기업이 고

시기별 브랜드 전략

		내용	사례 기업
2000년 이전	개성	독자적 개성 강조	코카콜라
2000년 이후	가치	기업 가치 제고	삼성
2010년 이후	경험	고객 경험 중시	애플
2015년 이후	맞춤	개인 맞춤화	넷플릭스
2020년 이후	책임	사회문제 동참	파타고니아

(출처; 2023. 7. 11. 문지훈 SERICEO 'Iconic Moves)

객과 공유하는 가치를 이루기 위해 노력하고 있음을 보여줌으로써 고객과 감성적으로 강하게 연결된다.

6. 대화형 콘텐츠 Interactive Content

마케팅이나 홍보 자료를 단순히 읽거나 보는 것을 넘어 청중의 적극적인 참여를 유도하는 콘텐츠를 활용하는 마케팅 기법이다. 기술의 발전과 함께 점점 더 대중화되고 있다. 예로 퀴즈, 설문조사, 증강현실 경험, 실시간으로 소통하는 영상을 들 수 있다.

효과적인 마케팅의 핵심은 모든 새로운 트렌드를 채택하는 것이 아니라 고객을 이해하고, 고객에게 가장 효과적으로 접근하고, 고객을 참여시킬 전략을 결정하는 것이다. 마케팅을 한다는 것은 제품을 효과적으로 판매하는 데 도움을 준다는 것이다. 이렇게 마케팅을 단순하게 정의할 수 있지만 사회가 복잡하게 발전하고, 제품

경쟁이 치열해지고, 고객의 요구사항과 추구하는 관심 분야가 다양화되면서 시대에 따라 마케팅의 목적과 방법들도 발전되고 있다.

　마케팅에서 빼놓을 수 없는 것이 브랜드 정책이다. 제품 하나하나에 브랜드를 부여할 수도 있고, 기업 전체를 묶어서 브랜딩할 수도 있다. 결국 제품 전략과 기업의 이미지 전략이 곧 브랜드이며 기업의 가치를 결정짓는다. 편리성과 독창성을 사용자의 감성과 결합시켜 충성 고객을 만든 고객경험 브랜딩에 성공한 기업이 애플이다. 애플의 브랜드 가치는 무려 625조 원으로 세계 최고다. 환경문제와 사회적 책임을 강조하며 기업을 운영한 스포츠용품 기업 파타고니아는 리더십 브랜딩의 좋은 사례이다.

5.

디지털 마케팅을 잘 활용하라

디지털 마케팅은 검색엔진, 웹사이트, 소셜미디어, 이메일, 모바일 앱과 같은 디지털 채널을 활용하는 마케팅 기법이다. 쉽게 말해 스마트폰이나 인터넷을 활용하는 모든 마케팅 활동을 말한다. 디지털 마케팅의 개념에는 IT 기술, 데이터, 인터넷을 사용하여 회사의 브랜드를 알리고, 기존 고객은 물론 잠재 고객과 연결되기 위한 온라인 전략 수립 등이 포함된다. 다음은 디지털 마케팅의 주요 요소들이다.

1. 검색엔진 최적화SEO, Search Engine Optimization

고객이 검색엔진 검색 시 자사의 웹사이트가 검색 페이지의 상위에 노출되도록 웹사이트를 최적화함으로써 방문자 수(트래픽 양)를 증가시킨다.

2. 콘텐츠 마케팅

제품이나 서비스에 대한 관심을 자극하는 스토리가 있는 콘텐츠를 제작하여 온라인에 배포한다. 동영상, 블로그, 소셜미디어 게시글 등 콘텐츠를 제작하여 페이스북, 인스타그램, 트위터, 링크드인, 핀터레스트 등과 같은 소셜미디어 채널에서 콘텐츠를 홍보하고 고객들과 소통한다.

3. 클릭당 광고료PPC, Pay Per Click

검색엔진 등에서 온라인 광고를 본 이용자가 배너 광고를 클릭한 횟수를 기준으로 광고비를 지불하는 방식으로 자사 웹사이트로 트래픽을 유도하는 방법이다. 구글 애즈가 PPC의 일반적인 유형이다.

4. 이메일 마케팅

회사가 고객들과의 관계를 구축하고 콘텐츠, 할인 행사, 이벤트를 홍보하고 사람들을 자사 웹사이트로 들어오게 하기 위해 기존 고객 또는 잠재 고객에게 이메일을 보내는 것이다. 이 경우 스팸

메일로 분류되거나 고객에게 불쾌감을 줄 수 있으므로 제목에 '광고'라고 표시를 하게 되어 있다. 단순 광고로 오해받지 않도록 내용이 알찬 메일을 작성해야 한다.

5. 제휴 마케팅

자사 웹사이트에서 타사 제품이나 서비스를 홍보하거나 판매하고 그에 상응하는 수수료를 받는 일종의 성과 기반 광고다.

성공적인 디지털 마케팅 사례로는 2014년부터 코카콜라가 새해마다 진행하는 '마음을 전해요Share a Coke' 캠페인이 있다. 코카콜라는 제품의 라벨에 브랜드명 대신에 '우리가족' '친구야' '힘내' '행복해' '잘될 거야'와 같은 기업의 가치를 전하는 문구를 새겼다. 2019년에는 방탄소년단BTS의 노래 제목을 활용하여 응원의 메시지를 라벨에 기록했다. 방탄소년단의 노래로 용기와 희망을 얻었던 사람들은 이 제품을 소장하고 싶어했고 소셜미디어를 통해 엄청난 반향을 가져왔다. 2020년에는 주인공은 다름이 아닌 우리 자신이라는 'DIY 패키지'를 통해 우리 모두를 응원했고 2021년에는 도시 곳곳의 즐거움을 담은 'City 패키지'를 통해 코로나 팬데믹으로 인해 사회적 거리두기로 갑갑해진 마음을 탁 트이게 하는 멋진 새해 캠페인을 소개했다. 2023년에는 검은 토끼의 해를 시작하면서 힘차게 깡총깡총 점프하는 'JUMP' 캠페인을 했다.

물론 이런 캠페인은 코카콜라처럼 인지도가 매우 높은 브랜드여야 가능하다. 이 캠페인은 주로 소셜미디어에서 홍보됐는데 고객은 해시태그(#ShareaCoke)와 함께 다양한 플랫폼에서 개인화된 콜라병 사진을 공유했다. 이 캠페인으로 코카콜라의 매출은 크게 증가됐고 최근 가장 성공적인 콘텐츠 기반의 디지털 마케팅 캠페인으로 평가된다.[4]

6.

퍼포먼스 마케팅은
프로그래밍 방식 광고다

퍼포먼스 마케팅은 성과 마케팅이라고도 하는데 광고주가 미리 설정한 성과 목표, 예를 들어 클릭, 구독, 구매, 다운로드와 같은 행위를 고객이 행했을 때만 마케팅 비용을 지불하는 디지털 마케팅 기법이다. 성과를 쉽게 측정하기 위해 클릭률CTR, Click Through Rates, 클릭당 과금CPC, Cost Per Click, 1,000회 노출당 비용CPM, Cost Per Mille, 투자수익률ROI 등의 지표를 활용한다.

TV 광고나 신문광고는 몇 명이 봤는지, 매출과 직접적인 연관이 됐는지 등을 확인할 방법이 없다. 반면 최근 디지털 마케팅에서는 가장 적정한 화면에 해당 광고를 노출하여 누가 언제 어느 화면에서 이 광고를 봤고, 클릭을 해서 해당 광고주의 사이트로 유입됐고, 해당 사이트에서 어느 콘텐츠를 둘러봤고, 실제로 구매 행위까지 이루어졌는지를 실시간으로 모니터링할 수 있기 때문에 이러한 행위에 대한 성공률로 광고비를 지불한다.

또 다른 사례를 들면 신제품을 판매하려는 스타트업이나 신생 기업이 인기 있는 업계 블로거와 파트너십을 맺는 것이다. 블로거가 제품에 대해 글을 쓰고 독자에게 제품을 구매할 때 사용할 고유 링크 또는 할인 코드를 제공한다. 블로거는 링크 또는 코드를 통해 이루어진 각 판매에 대해 수수료를 받는다. 기업은 브랜드 인지도와 판매를 높이고 판매된 것에만 비용을 지불하므로 비용 면에서 효율적이다.

퍼포먼스 마케팅을 프로그래밍 방식 광고라고도 한다. 자동 입찰 시스템을 통해 디지털 광고 공간을 실시간으로 사고파는 방식이다. 퍼포먼스 마케팅의 진행 절차는 다음과 같다.[5]

1. 실시간 입찰RTB, Real-time Bidding

사용자가 웹페이지 또는 모바일 앱을 방문하면 해당 페이지와 사용자에 대한 정보가 광고 거래소로 전송되고 광고 공간을 놓고 경쟁 입찰을 하는 경매가 진행된다. 입찰액이 가장 높은 광고주에게 낙찰되면 해당 광고주의 광고가 웹페이지 또는 앱에 게재된다. 이 모든 작업은 웹페이지를 업로드하는 데 걸리는 시간 안에 완료

되기 때문에 실시간으로 진행된다고 할 수 있다.

2. 수요측 플랫폼DSP, Demand-side Platform

광고주가 위치, 브라우징 행동, 인구통계학적 정보 등을 기반으로 특정 사용자를 대상으로 하는 광범위한 게시자 사이트에서 광고 노출을 구매하는 데 사용된다. 수요 측, 즉 광고주가 광고를 효율적으로 집행할 수 있도록 돕는 플랫폼이다. 광고 거래소와 연동되어 있으며 광고주의 니즈에 맞는 타깃팅을 설정할 수 있고 실시간 경매 방식을 통해 입찰과 구매를 할 수 있다.

3. 공급측 플랫폼SSP, Supply-side Platform

온라인 게시자가 광고 공간 판매를 자동화하는 데 사용한다. 공급측, 즉 매체의 광고 공간 판매를 도와주는 플랫폼으로 매체의 이익을 극대화한다.

프로그래밍 방식 광고인 퍼포먼스 마케팅은 실시간 데이터를 기반으로 광고를 최적화하기 때문에 매우 효율적이다. 망망대해에 그물을 던져놓고 고기가 걸릴 것을 기대하는 대신 구체적인 사용자 데이터를 기반으로 정확하게 광고를 타깃팅하여 적시에 적절한 광고를 할 수 있다.

퍼포먼스 마케팅 기업으로는 구글, 네이버, 카카오와 같은 대형 IT 기업부터 이노션, 제일기획과 같은 대형 광고 대행사는 물론이

콘텐츠 마케팅과 퍼포먼스 마케팅 비교

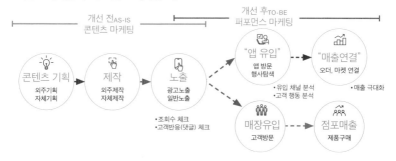

고 모비인사이드, 웹스퀘어, 엣지랭크, 오버맨, 트리플하이엠, 어센트코리아 등 퍼포먼스 마케팅 전문 기업이 있다. 이들 기업은 구글애즈, 네이버 쇼핑, 다음 쇼핑, 페이스북 광고, 인스타그램 광고 등 다양한 디지털 마케팅 채널을 통해 온라인 광고, 검색엔진 최적화, 소셜미디어 마케팅, 이메일 마케팅 등 다양한 마케팅 활동을 전개하면서 기업의 매출을 증대하고 브랜드의 인지도를 높이는 데 도움을 준다.

9장

모든 것을
디지털로
전환하자

BUSINESS
DIGITAL
REVOLUTION

1.

더 과감하게 더 빨리
디지털 전환하라

　코로나19로 인해 비대면, 자가격리, 재택근무가 본격화되면서 온라인 쇼핑뿐만 아니라 개인이 실내에서 할 수 있는 교육, 운동, 여가 활동 등을 돕는 산업이 발전하고 있다. 산업계는 어떠한가? 회사에 출근을 안 해도 집에서 근무할 수 있도록 영상회의나 전사적 자원관리 시스템이 급속히 확산되고 있다. 생산 현장은 자동화가 많이 됐다고는 하지만 아직도 사람이 붙어서 운영해야 하므로 효율성이나 가격 경쟁력이 뒤처지는 실정이다. 이런 걱정에도 불구하고 어쨌든 세상은 첨단기술을 등에 업고 미래의 공상과학 사회로 빠르게 진입하고 있다. 지금의 발전 속도라면 인공지능을 탑재한 로봇과 더불어 살 시대도 머지않은 것 같다. 결국 가까운 미래가 어떻게 바뀔지 조금이라도 예측된다면 이를 미리미리 준비하고 경쟁력을 갖추는 것이 지금 우리가 할 일이 아닌가 생각한다.

디지털 전환에 활용되는 기술 중에 '디지털 트윈Digital Twin'이라는 분야가 있다. 이는 현실과 가상 두 개가 있다는 말이다. 현실 상황을 컴퓨터에 그대로 가상으로 구현하여 충분히 시뮬레이션한 후 가장 좋은 결과를 현실 세상에 적용하는 것을 말한다.

싱가포르를 방문하면 도시 전체가 깨끗하고 교통체증도 없어 잘 관리되고 있다는 느낌을 받는다. 수년 전부터 디지털 트윈을 도입했기 때문이다. 도시 전체를 그대로 컴퓨터에 3차원으로 구현해놓고 도시 계획, 교통량 분석, 일조권 관리는 물론 화재나 지진 등 재해 발생 시 미치는 영향 분석 등을 충분히 시뮬레이션 한 다음 실제 세계에 적용하고 있다. 예를 들어 건물을 어느 지역에 짓겠다고 하면 교통 영향 평가, 일사 각도, 토지의 종류 등 건물 신축에 필요한 모든 법규와 인허가 사항을 컴퓨터로 시뮬레이션한 후 승인을 내주기 때문에 모든 것을 완벽하게 검증하는 것은 물론 인허가 시간을 크게 단축할 수 있다. 만일 어디서 폭발 사고가 났다고 하면 그 순간의 풍속과 폭발이 미치는 범위 등이 자동으로 컴퓨터에서 시뮬레이션 되어 화면에 시각적으로 표시되고 그에 맞는 대응책이 즉시 가동됨으로써 안전하게 도시를 운영할 수 있다.

우리나라는 각 지자체에서 스마트 시티를 만들기 위한 크고 작은 프로젝트를 추진하고 있는데 국가나 지자체 전체를 아우르는 마스터플랜 없이 당해 연도 예산이나 유행에 따라 그때그때 발주를 하다 보니 상호 연계성이 떨어지고 그 효과가 낮을 수밖에 없다.

공장을 디지털 트윈화한다는 것은 생산라인의 모든 설비와 데이터를 컴퓨터에 그대로 구현해놓고 실제 생산라인과 실시간 동기화함으로써 생산라인을 통합 운영함은 물론 최적화하고 기계나 부품의 오동작과 교체 시기 등을 관리하고 개선하는 것을 말한다. 디지털 트윈이 되기 위해서는 자동화와 스마트화가 선행돼야 한다.

디지털 트윈은 한마디로 말하면 시스템상의 가상 모델이다. 예를 들어 공장의 생산라인을 실제 세상이라고 한다면 생산라인을 소프트웨어와 그래픽 등을 사용하여 컴퓨터에 똑같이 구현한 것은 가상세계다. 컴퓨터상의 생산라인은 실제 생산라인과 똑같기 때문에 쌍둥이라는 뜻으로 디지털 트윈이라고 한다. 디지털 트윈의 성공적인 사례를 살펴보자.

HD현대중공업 울산조선소다. 36만 제곱미터(약 192만 평) 규모 조선소의 관제센터의 대형 스크린에는 조선소의 모든 움직임이 실시간으로 보인다. 실제로 아파트 36층 높이인 109미터 골리앗 크레인이 1,000여 톤에 달하는 선박 블록을 옮기는 상황이 스크린에 반영된다. 관제센터의 대형 스크린에서 커서를 움직여 블록 중 하나를 클릭하자 공정률과 블록이 투입될 선박의 고유번호, 선종, 담당자 이름 등 다양한 정보가 제공된다. 도크 10개 중 규모가 가장 큰 3도크의 화면을 확대하자 건조 중인 선박 4척의 모습이 3차원

HD현대중공업 울산조선소 관제센터

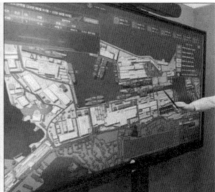

(출처: 매일경제)

으로 제공된다. 공정이 완료된 부분은 녹색, 공정이 진행 중인 부분은 회색으로 표시되는 등 진행 상황이 상세하게 집계된다. 정상 범주에서 벗어난 진동이 발생하면 알람이 울려 선제적으로 보수에 나설 수도 있다. 실제 고장으로 가기 전에 조치하는 예측 보수가 이뤄지는 것이다.

'미래 첨단 조선소' 구축 프로젝트의 일환으로 실물 조선소의 상황을 그대로 데이터화해 디지털 트윈을 구축한 결과다. 스마트 조선소는 전 세계 선두권 조선 업체들조차 엄두를 내지 못하고 있는 영역이다. 생산설비가 실내 공장에 고정된 반도체나 가전 산업 등의 경우 스마트팩토리 전환이 비교적 수월하다. 하지만 조선업의 경우 가공 공장과 블록 조립 공장, 의장 공장, 도장 공장 등 여러 실내 공정은 물론 단위 블록을 조립해 선박을 만드는 도크, 의장이나 도장 등 마감 작업을 하는 안벽, 대형 크레인 등 옥외 공정도 함

디지털 트윈 추진 국내 기업 사례

삼성전자	국내 반도체 공장 인공지능 디지털 트윈으로 관리해 최적 수율 관리
현대자동차	가상공간에 메타 팩토리 구축, 제조부터 배송까지 최적 관리
네이버	아크아이 솔루션 해외 진출, 사우디아라비아 네옴시티 사업 수주 도전
SK텔레콤	중소 제조사에 디지털 트윈 구독형 서비스 제공
LG CNC	정부 세종청사 디지털 트윈 관리, 스마트시티 사업에 확대 적용
포스코ICT	세계 최고 수준 디지털 트윈 제철소 구축 준비
한국수력원자력	세계 최초 디지털 트윈으로 원전(월성1호기) 해체 준비

(출처: 과학기술정보통신부)

디지털 트윈 추진 해외 공공 부문 사례

환경	영국	도시 오염물질 배출량 저감
도시교통	중국 선전시	고속도로 설계, 지능형 교통체계 구현
관광	핀란드	헬싱키 관광명소 3D 모델 구축
문화유산	프랑스	파리 노트르담 대성당 복원 사업에 활용
국방	미국	항공모함 등 핵심 무기체계와 군사시설 통합관리
스마트 시티	싱가포르	버추얼 싱가포르 구축, 시정 활용

(출처: 과학기술정보통신부)

께 진행되기 때문에 데이터 확보를 위한 설비망 구축이 쉽지 않다. 따라서 기본적으로 사물인터넷 센서 외에도 압력 센서, 소음 센서, 진동 센서, GPS 센서 등을 조선소 실내외 공간에 광범위하게 구축해야 가능하다. 울산조선소는 이 어려운 디지털 트윈을 성공적으로 구축했다. 그 결과 선박별 공정률은 물론 단위 블록당 공정 상황까지 실시간으로 파악할 수 있게 됐다.[1]

그 외에도 국내외에서 디지털 트윈 기술을 적용하려는 기업은 많이 있다. 일반 공장을 자동화하고 지능화하면 스마트팩토리가 된다. 그 이후 디지털 트윈 기술을 활용해 완벽한 스마트팩토리로 발전시킬 수 있다.

아디다스는 임금이 싼 저개발국에서 수작업에 의존해 생산하던 운동화 공장을 로봇과 3D프린터 등을 적용해 자동화하고 고객의 다양한 요구 사항을 담은 주문은 온라인에서 즉시 받는 스피드팩토리를 구현했다. 그 결과 600명의 종업원이 단 10명으로 줄었고 운동화 한 켤레의 제작 기간이 10일에서 5시간으로 단축됐다. 그럼으로써 공장을 굳이 해외에 두지 않고 본국 독일로 이전했고 미국 애틀랜타에도 스마트팩토리를 추가 설립했다. 베트남 등 개발도상국에 공장이 있는 이유는 인건비를 절감하기 위함이다. 그런데 디지털 트윈과 로봇을 통해 공장 인건비는 줄였으나 물류비 부담은 오히려 더 커져서 공장을 고객이 있는 곳으로 이전한 것이다. 이것이 리쇼어링Reshoring이다.

하지만 이론과 현실은 다르다. 제아무리 뛰어난 기술이라도 현장에 접목하다 보면 여러 부작용이 생기게 마련이다. 특히 일자리 같은 민감한 문제와 연결되면 어쩔 수 없이 '2보 후퇴'를 해야 하는 상황이 생길 수도 있다. 아디다스는 두 곳의 스마트팩토리의 문을 닫았지만 '스마트팩토리를 통해 주문부터 배송까지 걸리는 시간을 대폭 줄일 수 있었다. 중국과 베트남 공장에 스마트팩토리 기술을 확대한다.'라고 밝혔다.

코로나19 이후 각국의 보호무역주의가 재등장하는 이 시점에 우리도 리쇼어링을 뒷받침하는 정책으로 스마트 제조를 되짚어봐야 한다. 이미 많은 일이 자동화되고 스마트화됐다. 이는 전 세계가 이미 4차 산업혁명에 진입했다. 누가 더 빨리 디지털 전환하느냐 하는 무한 경쟁시대에 진입했음을 말하는 것이다.[2]

2.

스마트팩토리는 산업 지형을 변화시킨다

인더스트리 4.0은 독일 정부가 제시한 정책의 하나로 2013년부터 독일정보통신산업협회BITKOM와 독일엔지니어링협회VDMA 같은 산업 단체가 추진해왔다. 인더스트리 4.0은 정보통신기술ICT과 접목하여 제조업 혁신을 이루겠다는 프로젝트로서 사물인터넷을 통해 생산기기와 생산품 간 상호 소통 체계를 구축하고 전체 생산 과정을 최적화하는 4차 산업혁명을 뜻한다.

문제는 현실이다. 대기업은 공장 자동화를 바탕으로 제조 혁신에 어느 정도 성과를 내고 있는 반면에 중소기업의 진척 상황은 아직도 미흡하다. 특히 하위 협력사로 내려갈수록 투자 여력이 부족하여 스마트팩토리의 핵심 기반인 정보통신기술과 소프트웨어가 생산 현장과 유기적으로 결합되지 못하고 있다. 대기업과 협력업체를 아우르는 제조 밸류체인 전반에 혁신과 투자가 필요하다.

현재 가동 중인 공장을 지금보다 더 자동화하고 무인화하려는 것이 공장 자동화이다. 여기에 최첨단 기술을 적용한다면 스마트팩토리가 될 수 있다. 공장을 자동화하고 무인화한다는 것은 지금 생산 방식에 많은 변화와 혁신이 있어야 하고 특히 실직이나 직무 변경 등 인력의 재배치와 새로운 기술에 대한 적응 등이 뒤따라야 하므로 많은 저항에 부딪힌다. 따라서 자동화의 필요성에 대해 직원, 투자자, 기타 이해관계자를 설득하는 것이 무엇보다 선행되어야 한다. 다음과 같은 대응을 생각해볼 수 있다.

첫째, 변화의 필요성을 이해시키는 것이 필요하다. 둘째, 자동화는 일자리를 없애는 것이 아니라 일자리를 바꾸는 것이라는 점을 강조한다. 셋째, 직원을 전환 프로세스에 참여시켜서 지지를 얻어내야 한다. 넷째, 직원 교육을 시행하고 더 많은 투자를 할 것임을 보여준다. 다섯째, 경영층과 직원들에게 보여줄 확실한 계획을 만든다. 여섯째, 소규모 파일럿 프로젝트부터 시작한다. 일곱째, 자동화를 성공적으로 구현한 다른 회사의 사례를 공유한다. 여덟째, 노조 대표를 추진 조직의 일원으로 참여시킨다.

생산 기술과 자동화 설비가 발전하고 스마트팩토리 개념이 진화함에 따라 스마트팩토리는 점점 더 실행 가능하고 중요한 부분이

되고 있다. 최신 스마트팩토리의 개념과 성공 사례는 다음과 같다.

1. 사물인터넷

사물인터넷은 스마트팩토리의 핵심 기술이다. 사물인터넷 장치를 사용하면 공장에서 생산 제품의 품질 관리가 용이하게 되며 장비를 실시간으로 연결하고 모니터링하여 생산 장비에 대한 고장 예측과 유지 관리가 효율화된다. 지멘스, 보쉬는 자체 생산라인에 사물인터넷을 성공적으로 구현하여 선도하고 있다.

2. 인공지능 및 기계학습

인공지능은 유지 관리의 예측부터 품질 관리와 생산일정 최적화에 이르기까지 공장의 다양한 영역에 적용할 수 있다. 구글과 아마존은 인공지능과 빅데이터를 활용하여 공급망과 생산 프로세스를 최적화하고 있다.

3. 로봇 처리 자동화

소프트웨어 '봇Bot'을 사용하여 이전에는 수작업에 의존했던 반복적이고 일상적인 작업을 자동화하는 것이다. 업무 효율성을 높이고 인적 오류를 줄일 수 있다. 유아이패스UiPath, 블루프리즘Blue Prism, 오토메이션애니웨어Automation Anywhere는 우수한 로봇 처리 자동화RPA 솔루션을 제공하고 있다.

4. 디지털 트윈

디지털 트윈은 현재 존재하는 공장을 컴퓨터상에 똑같이 구현하는 기술이다. 컴퓨터에서 시뮬레이션과 최적화를 한 후 이를 실제 공장에 적용함으로써 많은 시간과 비용을 절감할 수 있다. 특히 같은 라인이 여러 개인 공장의 경우 한 개 라인에서 발생한 문제는 다른 라인에도 발생할 수 있으므로 시뮬레이션을 통해 문제의 원인을 철저히 규명하고 대응 방안을 마련하여 컴퓨터에서 실행한 후 최적의 방안을 실제 모든 라인에 일시에 적용함으로써 효과를 극대화할 수 있다. 지멘스는 디지털 트윈 기술을 활용하여 전기 모터 생산라인을 최적화했다.

5. 공급망 관리를 위한 블록체인

최근 기업들은 공급망의 추적성과 투명성을 개선하기 위해 블록체인 기술을 활용하고 있다. 다이아몬드 회사인 드비어스는 블록체인을 활용하여 다이아몬드의 출처와 등급 등을 추적 관리함으로써 거래에서 발생하는 문제를 사전에 차단할 수 있다.

6. 엣지 컴퓨팅

엣지 컴퓨팅은 기존의 중앙 데이터 처리 방식인 클라우드의 한계를 보완한 가장 첨단화된 컴퓨팅 시스템이다. 데이터가 중앙 서버에서 처리되는 것이 아니라 컴퓨팅 시스템의 맨 끝 단계이자 단말 장치에 가까운 곳에서 데이터가 처리된다고 해서 '엣지 컴퓨팅'

클라우드 컴퓨팅과 엣지 컴퓨팅

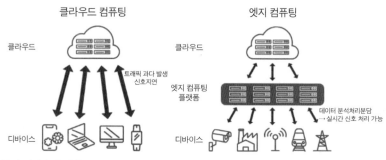

(출처: 삼성디스플레이 뉴스룸)

이라고 부른다. 최근 5G 통신 기반의 인공지능, 빅데이터, 사물인 터넷 등이 널리 사용되면서 기존 클라우드보다 전송 지연과 대역 폭 제한을 줄여 더욱 빠르게 컴퓨팅, 사물인터넷 기술을 지원할 수 있어 주목을 받았다. 자율주행자동차가 클라우드 컴퓨팅 방식으로 운행한다면 카메라를 통해 수집하는 도로나 보행자에 대한 정보를 클라우드에 전송하여 분석한 후 그 결과를 다시 돌려받아야 한다. 그럼 제대로 주행할 수 없다. 반면에 엣지 컴퓨팅 기반의 자율주행 자동차는 데이터를 전송하고 수신하는 복잡한 과정을 생략할 수 있고 통신이 끊기면 클라우드 기반 자율주행차는 무용지물이 될 수밖에 없다. 하지만 엣지 컴퓨팅 기반의 자동차는 통신이 제한된 상황에서도 독자적으로 데이터를 분석하고 처리할 수 있다.[3]

7. 3D 프린팅·적층 제조

3D 프린팅을 사용하면 시제품이나 주문형 부품 등을 신속하게

제작할 수 있다. 의료 분야에서 환자 맞춤형 의료기기의 제작에 사용되고 있다. 3D 프린팅으로 제작된 인공관절은 환자의 신체에 완벽하게 맞도록 제작된다. 이는 환자의 수술 후 회복을 촉진하고 합병증을 줄일 수 있다. 건축 분야에서 건물의 모형 제작에 사용되고 있다. 건물의 모형을 제작하면 건축가들은 건물의 디자인을 시각적으로 확인하고, 건물의 구조적 안정성을 검토할 수 있다. 닷소시스템은 3D 프린팅을 사용하여 자동차 부품의 디자인을 자유롭게 변경하고 내부 구조를 설계하여 자동차의 무게를 줄이고 성능을 향상시켰다.

8. 3차원 컴퓨터 단층촬영CT 품질 검사

제품의 품질 검사는 육안 검사가 가장 기본적이었으나 이를 개선하여 인공지능 기능이 탑재된 카메라를 컨베이어 벨트에 설치하여 불량품을 골라내는 방식이 일반적으로 활용되고 있다. 하지만 초정밀 부품의 경우 외관 검사만으로는 불량품을 판별할 수 없기 때문에 2차원 레이저 검사를 많이 사용하고 있다. 최근에는 컴퓨터 단층촬영을 활용한 3차원 검사 방식으로 진화하고 있다.

예를 들어 배터리 제조 공장에서 품질 검사 시 과거에는 엑스레이 방식을 사용했으나 지금은 컴퓨터 단층촬영 검사를 통해 셀 내부를 단층 촬영하여 양극판과 음극판의 배열 상태를 전수 검사함으로써 완벽한 품질 검사를 하고 있다. 그뿐만 아니라 컴퓨터 단층촬영 기술이 발전하고 인공지능 기능을 탑재하여 검사 시간을 7분에서 수 초대로 줄였다.

스마트팩토리의 주목할 만한 해외 성공 사례 중 하나는 독일 암베르크에 있는 지멘스 공장이다. 이 공장은 고도로 자동화되어 생산 공정의 약 75%가 기계에 의해 자율적으로 완료되며 자동화와 디지털 트윈 기술이 결합되어 불량률이 0.001% 미만이다.

국내 성공 사례로는 세계경제포럼WEF이 2023년 1월에 등대공장Lighthouse Factory[4]으로 선정한 LS일렉트릭이 있다. LS일렉트릭은 전기 제품과 부품을 생산하는 업체로서 수년 전까지는 많은 근로자가 일일이 손으로 부품을 조립하는 공정으로 운영했다. 그러다가 독일의 인더스트리 4.0을 연구하고 해외 기업을 벤치마킹하면서 강력한 경영진의 의지로 자동화 설비와 로봇은 물론 디지털 트윈까지 구현한 스마트팩토리로 거듭났다. 축적된 OT 기술 역량을 기반으로 자동화 현장 설비의 모니터링, 제어, 예측 시스템 구축은 물론 사물인터넷, 빅데이터, 인공지능, 디지털트윈 등 신기술을 적용한 스마트팩토리 구축을 통해 미래형 공장 구축을 선도하고 있다. 자사 공장을 스마트화함은 물론 이러한 과정에서 얻은 지식과 경험을 솔루션화하여 LG유플러스와 공동으로 스마트팩토리 솔루션 사업을 전개하고 있다.

한국 전통주 제조사인 화요 역시 스마트 팩토리를 구축하여 운영하고 있다. 화요는 생산량이 많아지면서 초기 수작업으로 하던 생산관리에 한계가 생기기 시작했다. 이에 화요의 여주 공장을 스마트 팩토리화하기로 결정하고 CJ올리브네트웍스의 지원을 받아

LS일렉트릭 청주 스마트팩토리

주류 생산 전용 생산 관리 시스템MES, Manufacturing Execution System 을 개발했고 스마트HACCP 시스템도 구축했다. 각 작업에 QR코 드를 부착해 작업자의 실수를 사전에 예방할 수 있도록 풀 프루프 Fool-Proof 방식으로 시스템을 구축했다. 사물인터넷 기반으로 구축 된 화요의 스마트팩토리 공장은 공장 내 모든 생산설비와 공정 데 이터를 실시간으로 모니터링하고 제어하는 시스템을 갖추고 있다. 이 시스템은 생산량을 예측하고, 공정 불량을 사전에 감지하고, 원

화요 여주 스마트팩토리

재료 사용량을 최적화하는 등 생산 효율을 높이는 데 기여한다.

스마트팩토리의 효과로는 생산량을 20% 이상 증가시켰고, 불량률을 11%까지 줄였고, 작업 준비와 문서 작성 시간을 90%까지 단축시켰을 뿐만 아니라 작업자에게 위험요소를 최소화하고 작업 편의성을 높여주었다. 스마트HACCP은 식품 제조 공정상의 중요관리점CCP을 수기로 관리하던 기존의 HACCP을 자동화·디지털화한 종합관리시스템으로 식품안전 관리를 강화하기 위해 식품의약품안전처가 지원하는 제도다. 식품 제조기업은 식품 제조 공정상의 중요관리점CCP 데이터를 실시간으로 수집·모니터링 할 수 있는 시스템과 관리 이탈 알림 시스템과 데이터를 임의로 수정할 수 없도록 하는 위·변조 방지 시스템을 구축하고, 자동 기록관리 시스템 운영 불가 시 대응할 수 있는 모니터링 비상계획을 수립하면 스마트HACCP 인증을 취득할 수 있다.[5, 6]

양조장들의 스마트팩토리 접목은 IT 기술을 양조에 도입함으로써 발효의 효율을 높이는 동시에 다른 업체와의 경쟁력을 확보하는 것이다. 아직은 스마트팩토리 양조장은 많은 자본이 필요하기에 작은 양조장은 쉽게 접근하기 어렵다. 하지만 스마트팩토리라는 거대한 IT 기술이 아니라도 양조장에서 접목 가능한 기술을 찾아볼 필요가 있다. 대표적인 기술이 사물인터넷이다. 미국의 한 맥주 양조장은 사물인터넷 기술과 인공지능을 도입해서 맥주 숙성 시간, 온도, pH, 중력, 압력, 탄산 수준 등을 수집 분석해서 제품을 효율적으로 양조하는 요소들을 찾아냈다. 술을 만드는 양조뿐만 아니라 사물인터넷 캐그를 만드는 바이너리비어(www.binarybeer.io)나 맥주 신선도를 관리할 수 있는 펍이노(www.pubinno.com) 등이 다양한 IT 기술을 접목하고 있다.[7]

참고로 스마트팩토리, 인더스트리 4.0과 관련한 국제 표준은 ISO와 IEC를 포함한 다양한 표준 기구에서 개발한 것이다. 이 표준은 지금도 변경되거나 추가되고 있다. 사용되는 기반 기술이 급속히 발전하기 때문에 표준화 작업이 지속적으로 이루어지는 것이다. 이 국제 표준은 상호운용성, 안전, 보안, 데이터 교환과 같은 다양한 측면에 대해 규격과 규칙을 정한 것으로 공장 설비, 센서, 통신 장비 등을 도입할 때 반드시 지켜야 향후 운영과 확장성에 대비할 수 있다. 특히 공장은 한 번 구축하면 수십 년을 사용하는 기반이 되므로 더더욱 표준을 준수해야 한다. 선언적인 표준 외에도 전기, 통신, 온도와 습도 규칙을 따르고 표준을 준수한 제품을 사용해야 하지만 일반적으로 이를 간과하는 경우가 많다.

스마트팩토리와 관련한 국제 표준으로는 ISO/IEC 27001(자산의 보안 관리 표준), ISO/IEC 29182(센서 네트워크와 상호운용성 표준), IEC 62443(산업 자동화 및 제어 시스템(IACS) 구현 절차 정의), OPC Foundation OPC UA(산업 자동화 및 사물인터넷의 상호 운용성 표준), ISA-95/B2MML(제어 시스템 간 통합 XML 스키마 구현), RAMI 4.0(제조의 디지털화에 접근하는 방법을 보여주는 3차원 지도) 등이 있다.

스마트팩토리의 등장은 산업 지형을 변화시키고 있다. 여전히 극복해야 할 과제는 많지만 효율성, 품질, 지속 가능성 측면에서 잠재적인 이점이 커서 매우 성장하는 분야가 될 것이다.

10장

디지털
전환 수준을
측정하자

BUSINESS
DIGITAL
REVOLUTION

1.

기업 DNA를 디지털로 바꿔라

디지털 전환으로 변화를 모색하는 기업이 늘고 있다. 코로나19로 촉진된 이러한 변화는 최근 글로벌 공급망 재편, 지정학적 리스크, 물가 상승과 인플레이션 등 글로벌 복합 위기에 대응하는 전략차원에서 그 중요성이 커지고 있기 때문이다. 1997년 IMF, 2008년 금융 위기 때 기업의 구조조정이 시급했던 것처럼 지금의 위기에서는 기술을 통한 체질 개선만이 생존 방안이라는 절박함이 느껴진다.

기존 방식의 전통 기업과 디지털 전환을 적용한 테크 기업 간에는

푸드테크 기업과 식품 기업 비교

(단위: 원)

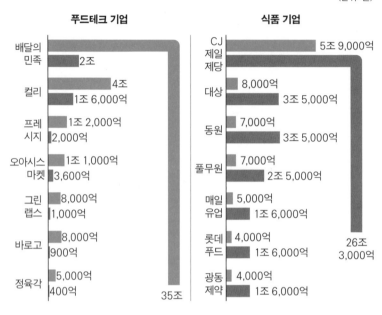

■ 기업가치 ■ 매출액
*2021년 기준, 기업가치는 주식시장과 장외사장에서 평가되고 있는 시가총액.

(출처: 서울대학교 푸드테크학과)

격차가 엄청나게 벌어지고 있다. 요식업에 빅데이터 기반 배달 서비스를 접목한 B사의 경우 매출은 2조 원이지만 기업가치는 35조 원으로 전통 식품업 전체보다 규모가 크다. 반면 국내 굴지의 식품 기업 C사는 매출이 26조 원임에도 기업가치는 6조 원에 그친다.[1]

기업의 생산성 고용지수를 보면 두 식품 기업 A사와 C사는 매출과 영업이익 1억 원당 고용지수에서 큰 격차가 벌어진다. C사는 제조업으로 시작했지만 디지털 전환을 일찌감치 실행했기 때문이

생산성 고용지수

	A식품	B식품
매출 1억 원 당 고용지수(명)	0.097	0.031
영업이익 1억 원 당 고용지수(명)	4.309	0.535

(출처: 머니투데이)

다. 기술 접목이 원가와 생산 시간을 줄이는 등 시장 선점에 필수 요건의 하나임을 보여주는 사례다.

우리 회사는 과연 잘하고 있는지 자가 점검표

기업가치와 생산성을 논하다 보니 문득 내가 속한 회사의 디지털 수준은 어느 정도인지 궁금할 것이다. 국내외 기업의 디지털 전환 사례가 쏟아지는 가운데 실제 그 혁신이 제대로 작동되는지 일반인은 물론 현장 실무진조차 제대로 알 길이 없다. '눈 가리고 아웅' 하는 식으로 과대 포장하는 경우가 많다는 뜻이다.

만일 이처럼 디지털 전환이 회사의 전체 업무, 즉 밸류체인 전체에 유기적으로 적용된 것이 아니라 일부에만 불균형하게 적용되고 있음에도 보여주기식으로 침소봉대하거나 안심하고 있는 기업이 있다면 절호의 혁신 기회를 날린 것이나 다름없다. 이에 기업 밸류체인 전반에 걸쳐 디지털 전환이 이루어지는지를 자가 진단할 수 있는 점검표를 제시하고 혁신 활동을 위한 경영자의 디지털 역량이 무엇보다 중요함을 강조한다.

우선 디지털 전환은 기존 경영 혁신과 달리 '파괴적 혁신Disruptive Innovation'을 일컫는다. 신기술을 적용하는 것에 그치지 않고 기업의 밸류체인과 비즈니스 모델을 근본적으로 변화시키기 때문이다. 이와 더불어 경영전략, 조직문화, 협업 문화까지 기업의 근원적인 DNA를 탈바꿈하는 것이 바로 디지털 전환이다.

우리 회사의 디지털 전환 수준을 먼저 자가 점검해보자. '밸류체인별 디지털 전환 성숙도 점검표(예시)'에는 기업의 밸류체인과 디지털 전환에 필요한 신기술이 가로축과 세로축으로 구분돼 있어 빠르고도 간략하게 점검할 수 있다. 항목별 점수를 0점에서 10점까지 매겨서 기업의 밸류체인 프로세스에 주요 기술이 실제로 어느 정도 적용되고 있는지 진지하게 평가해보길 권한다.

더 나아가 기업 전체 관점에서 디지털 전환을 활용한 큰 변화의 모습을 단계별 이미지로 설정한다면 중장기적 성장 비전의 모습을 구체화할 수 있고 새로운 전략 과제와 사업 기회도 찾을 수 있을 것이다.

어떤 신기술에 관심을 둘까?… 스마트 솔루션

우선 디지털 전환의 핵심이라 할 수 있는 인공지능과 빅데이터를 비롯한 스마트 기술이다. 인공지능과 빅데이터는 경영과 IT 시

밸류체인별 디지털 전환 성숙도 점검표(예시)

신 기술	밸류체인	본원적 활동					지원적 활동			계
		생산	물류	마케팅	영업	서비스	구매	연구개발	경영관리	
스마트 지능화	인공지능									
	빅데이터									
	챗봇									
	로봇									
스마트 팩토리	사물인터넷									
	생산 관리 시스템									
	디지털 트윈									
스마트 물류	주문 관리									
	창고 관리									
	수배송 관리									
	공급망 관리									
스마트 커뮤니 케이션	디지털 마케팅									
	메타버스									
	웹3.0									
스마트 스토어	키오스크									
	미디어보드									
	자동설비									
스마트 오피스	전사적 자원관리									
	로봇 처리 자동화									
	협업툴									
계										

스템에 전체에 적용할 수 있어 지능화와 자동화를 목적으로 하는 디지털 전환에는 기본적이며 필수적인 요소다. 또한 사람이 하기 어려운 일, 힘든 일, 인건비를 줄이는 일 등에 로봇 사용이 빠르게 확산하고 있다.

스마트팩토리 솔루션은 사물인터넷 센서나 설비의 데이터를 취합하고 분석해서 생산성을 극대화한다. 물류 시스템 또한 주문 관리OMS, 창고 관리WMS, 수배송 관리TMS와 이를 전반적으로 관리하는 공급망 관리SCM 시스템을 지능화하고 무인화함으로써 경쟁력을 높인다. 창고 임대료와 물류비가 상품의 원가 경쟁력을 좌우하는 업종이 많기 때문에 생각보다 많은 기업이 스마트 물류 구축에 적극적이다. 제조업이 아닌 산업, 예를 들면 금융업은 스마트 핀테크, 의료업인 경우 스마트 의료 등을 고려할 수 있겠다.

스마트 스토어는 오프라인 점포의 모든 주문, 결제, 서빙과 편의 서비스를 자동화, 무인화해서 비용 절감과 고객 만족도를 높인다.

스마트 커뮤니케이션에는 고도화된 디지털 마케팅 기술, 가상 세계까지 사업 영역을 넓힐 수 있는 메타버스, 웹 3.0 기술이 있다. 이 기술들은 투자 가치가 매우 높고 활용 범위 또한 매우 광범위해서 치열한 시장 선점 경쟁이 예상된다. 지금은 가시적인 진전이 없는 것처럼 보이지만 그 산업이 완성형에 다다르는 시점에는 미리 준비한 기업과 그렇지 못한 기업 간에 수년의 시간적 격차가 벌어질 것이다.

스마트 오피스를 위한 전사적 자원관리는 기업의 경영 관리를

스마트 오피스

위한 정보 시스템으로 회사 전반에 걸친 밸류체인과 프로세스에서 발생하는 모든 데이터를 취합, 가공, 통제한다. 단순히 관리 업무를 원활하게 할 뿐만 아니라 그야말로 기업 경영의 척추 역할을 한다. 또 로봇 처리 자동화는 정형화된 수작업을 자동화함으로써 쉽게 생산성을 높일 수 있다.

기업 DNA를 혁신하는 주체는 사람이다

디지털 전환은 단순히 아날로그를 디지털로 대체하는 것이 아니다. 중장기 전략과 새로운 비즈니스 모델에 따라 모든 프로세스와 비즈니스를 파괴적으로 혁신함으로써 기업 DNA 자체를 디지털화한다는 의미다.

앞에서 언급한 A, B, C사의 기업가치와 생산성은 왜 이렇게 차이가 나는 걸까? 그 이유를 사람에게서 찾아본다. 디지털 혁신을 제대로 이해하고 내부 운영 프로세스를 과감히 혁신해서 전사적인 사업과 밸류체인의 적재적소에 디지털 요소를 접목해야만 진정한 의미의 디지털 전환을 할 수 있다. 이와 함께 경영자의 명확한 비전과 리더십 아래 디지털 역량과 도전 정신으로 무장한 실무진이 파괴적인 혁신으로 디지털화를 추진하는 것이 진정한 디지털 전환이다.

그러므로 기업 리더가 디지털 지식이나 혁신 의지가 없다면 디지털 전환은 시작하기도 어렵고 또 시작해서도 안 된다. 디지털 역량으로 중무장한 임직원만이 기업의 새 시대를 열 수 있다.[2]

2.

디지털 시대에 디지털 전환은 필수다

디지털 전환은 비즈니스의 모든 영역에 디지털 기술을 적용하는 디지털 혁신 또는 변화를 의미한다. 디지털 전환은 경영 선진화와 경영 방식의 혁신을 목적으로 하며 고객에게 가치를 제공하고 고객 만족을 극대화하기 위함이다. 결국 디지털 전환을 추진한다는 것은 명확한 목표를 설정하고 그에 맞는 경영 혁신을 통해 프로세스를 개편하는 것이다. 이 과정에서 디지털, 즉 IT의 절대적인 활용을 전제로 해야 한다. 디지털 전환에서 IT를 활용한다는 것은 자동화로 효율을 높이자는 목적 외에도 혁신한 프로세스와 변화한 기

디지털 전환

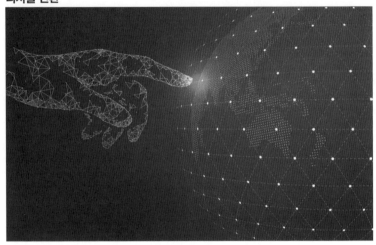

업무화가 다시 이전 상태로 되돌아가는 요요 현상을 시스템화를 통해 막자는 취지도 있다. 디지털 혁신은 다음과 같은 이유로 현재의 비즈니스 환경에서 매우 중요한 경영 활동 중 하나다.

1. 운영 효율성

디지털 도구와 시스템은 비즈니스 프로세스를 간소화하고 생산성을 높이며 비용을 절감할 수 있다.

2. 고객 기대치

오늘날의 고객은 활발한 소통과 개인화된 경험을 요구한다. 이러한 기대치를 충족하기 위해 기업은 디지털 도구와 기술을 활용해야 한다.

3. 데이터 기반 의사결정

디지털 혁신을 통해 데이터를 효과적으로 수집, 분석하여 정보에 입각한 비즈니스 의사결정을 내릴 수 있다.

4. 경쟁 우위

디지털 기술을 활용하면 더 나은 제품과 서비스를 제공하거나 보다 효율적으로 운영함으로써 경쟁사보다 더 나은 성과를 기대할 수 있다.

5. 혁신

디지털 기술은 종종 혁신을 위한 새로운 방안을 제시함으로써 새로운 제품이나 서비스, 비즈니스 모델을 만들도록 이끈다.

기업이 디지털 혁신을 추진하기 위해서는 임직원들의 변화에 대한 두려움이나 저항을 극복해야 하고, 많은 투자 재원을 확보해야 하고, 만족할 만한 결과가 나오도록 강력하게 추진하는 별도의 팀이 있어야 한다. 이를 위해 다음과 같은 방안을 생각해볼 수 있다.

1. 리더십

최고 경영진의 헌신과 적극적인 참여가 기본이 되어야 한다. 디지털 혁신 전략과 그 이점과 영향에 대해 명확하게 이해하고 비전을 전체 조직에 효과적으로 전달해야 한다.

2. 명확한 전략과 비전

디지털 혁신의 목적, 목표, 계획을 잘 정의한 전략을 수립해야 한다. 이 전략은 조직의 전반적인 비즈니스 전략과 목표와 일치해야 한다.

3. 조직문화

변화를 수용하고 혁신을 장려하며 계산된 위험을 두려워하지 않는 문화가 중요하다. 결국 조직 구성원들이 변화와 혁신을 추진해야 하므로 실험하고 실패로부터 배우고 지속적으로 개선하도록 장려해야 한다.

4. 직원 참여·교육

디지털 혁신 프로세스에 모든 직원이 적극적으로 참여해야 한다. 직원들이 디지털 도구와 기술을 이해하고 효과적으로 사용하도록 교육해야 한다. 여기에는 기술 교육뿐만 아니라 디지털 전환의 이점을 이해하고 수용하기 위한 사고방식의 변화도 포함된다.

5. 고객 중심 접근 방식

성공적인 디지털 혁신 사례를 보면 고객 중심의 사업 계획이 있다. 고객의 변화하는 요구와 행동을 이해하고 디지털 기술을 사용하여 고객 경험을 개선하는 것이 핵심이다.

6. 데이터 기반 의사결정

의사결정을 위해 데이터를 수집, 분석, 사용하는 능력은 중요한 성공 요인이다. 데이터 기반 의사결정을 통해 전략을 알리고 운영을 개선하며 고객 경험을 향상하는 귀중한 통찰력을 얻을 수 있다.

7. 민첩성

조직이 민첩하고 유연하면 시장, 고객 행동, 기술의 변화 등 변화하는 환경에 빠르게 적응할 수 있다.

8. 강력한 IT 인프라

강력하고 안전하며 확장 가능한 IT 인프라는 새로운 프로세스나 새로운 디지털 기술을 지원하는 데 매우 중요하다.

9. 파트너십

기술 관련 공급업체, 에이전시, 컨설팅 업체 등과 전략적 파트너십을 형성하면 디지털 전환 프로세스를 가속화할 수 있다. 이러한 파트너는 기술에 관한 전문 지식이나 경험, 새로운 아이디어를 제공한다.

이 외에 디지털 전환 추진 시 고려해야 할 사항은 다음과 같다.

1. 사이버 보안

디지털화됨에 따라 사이버 위협에 더욱 취약해진다. 예를 들어 사업장의 모든 기기가 연결된 무선망에 CCTV를 추가 설치했다. 그런데 보안 조치가 안 됐을 때 해커가 유입될 수 있다.

2. 데이터 프라이버시

디지털 기기를 활용하고 고객 중심의 서비스를 위해서는 고객 데이터의 수집과 분석이 필요하다. 데이터를 보호하려면 암호화 작업 등이 수반되므로 투자도 늘어난다. 그렇더라도 개인정보를 존중하고 데이터 보호 규정을 준수해야 한다.

3. 변화 관리

디지털 혁신에는 종종 비즈니스 프로세스나 비즈니스 모델에 중대한 변경이 생길 수 있다. 이러한 변화를 효과적으로 관리하려면 업무 중단을 최소화하고 직원들이 혁신을 받아들이도록 하는 것이 중요하다. 전담 조직을 두어 변화 관리를 하도록 한다.

4. 기술 인프라

모든 기업이 디지털 혁신을 지원하는 데 필요한 기술 인프라를 갖추고 있는 것은 아니다. 따라서 새로운 기술과 시스템에 투자해야 할 수도 있다. 기술 사항이 발생할 때마다 건별로 처리하면 나중에는 사내 시스템이 누더기가 될 수 있다. 처음부터 혁신과 기술에 대한 마스터플랜을 수립하여 계획대로 추진하는 것이 바람직하다.

5. 확장성

한 부서나 소규모 사업용으로 구축된 시스템을 전체 조직으로 확산하려고 할 때, 미리 전체 확산을 충분히 고려한 시스템이 아니라면 어려울 수 있다. 단순히 하드웨어만 확장한다고 될 일이 아니다. 따라서 디지털 전환 추진 시 향후 확장성을 고려해야 한다.

디지털 전환 추진은 특정 요구사항, 자원, 기능, 그리고 비즈니스마다 다르다. 그러나 디지털 시대에 디지털 전환은 더 이상 선택 사항이 아님은 분명하다.

3.

디지털 전환으로
성장 동력을 창출하라

디지털 전환을 기업의 생존과 성장을 위한 필수 요소로 인식하고 디지털 기술을 활용하여 기존 비즈니스 모델을 혁신하고 새로운 성장 동력을 창출하는 국내 사례를 알아보자.

첫째, 롯데칠성음료는 스마트팩토리를 도입하여 생산 효율성을 20% 향상했다. 생산 공정을 자동화하고 제품 품질을 개선하고 에너지 소비를 절감할 수 있었다. 스마트팩토리는 센서, 사물인터넷, 인공지능 등 디지털 기술을 활용하여 공장 생산 과정을 자동화하고 최적화하는 시스템이다.

둘째, SK텔레콤은 빅데이터를 활용하여 고객 맞춤형 서비스를 제공하고 있다. 예를 들어 고객의 통신 사용 데이터, 위치 데이터, 구매 데이터 등을 분석해서 고객이 자주 방문하는 장소를 파악하고 해당 장소에서 할인 혜택을 제공하는 서비스를 제공하는 것이다.

셋째, 신한은행은 모바일 뱅킹 '신한 쏠SOL'을 도입하여 고객 편의성을 높였다. 신한 쏠은 계좌 조회, 이체, 송금, 카드 결제 등 기본적인 은행 업무는 물론 환전, 보험 가입, 펀드 가입, 은퇴 준비, 신용 조회, 고객 상담 등 다양한 금융 서비스를 이용할 수 있다. 또한 뉴스, 날씨, 스포츠, 증권, 부동산, 여행, 맛집, 영화, 공연, 쇼핑 등 다양한 생활 정보도 제공한다. 2019년 출시 이후 빠르게 성장하여 2023년 5월 기준 누적 다운로드 수가 3,000만 건을 돌파함으로써 국내에서 가장 많은 사용자를 보유한 모바일 뱅킹 앱이 됐다.

넷째, 현대자동차는 자율주행차를 개발하여 미래 자동차 산업을 선도하고 있다. 2020년부터 자율 주행차를 상용화하기 위해 미국, 유럽, 중국 등에서 개발과 테스트를 하고 있다. 그 결과 2023년 라스베이거스를 시작으로 '아이오닉 5'를 기반으로 개발된 4단계 자율주행차가 미국의 주요 도시들을 주행하고 있다.

다섯째, 삼성전자는 인공지능을 활용한 새로운 제품과 서비스를 개발하고 있다. 인공지능을 활용하여 로봇, 가전제품, 의료기기 등 다양한 제품과 서비스를 개발하는 것은 물론이고 기존 제품과 서비스의 성능을 향상하고 있다. 예를 들어 비스포크 인공지능 냉장고는 사용자의 식단을 분석하여 필요한 식자재를 추천하고 비스포크 인공지능 세탁기는 사용자의 습관을 학습하여 세탁 코스를 추천한다. 삼성헬스는 사용자의 운동, 수면, 식단, 체중, 심박수 등의 데이터를 수집하고 분석하여 맞춤형 건강 관리 정보를 제공한다. 삼성의 인공지능 비서인 빅스비는 사용자의 음성 명령을 인식하여 TV를 켜거나 끄고, 음악을 재생하고, 날씨를 확인하는 등의 기능을 제공한다.

많은 기업이 디지털 전환을 추진하고 있고 성공적으로 사업에 접목하는 곳도 많이 있지만 최근 소프트웨어정책연구소가 발간한 「2022 소프트웨어 융합 실태조사」를 보면 국내 기업 10곳 가운데 6곳은 디지털 전환을 시도도 못 한 것으로 나타났다. 디지털 전환이 비즈니스 혁신의 출발점으로 선택이 아닌 필수인 시대라는 점을 고려하면 다소 의아한 수치다.

실태조사에서 디지털 전환 추진에서 주요 애로사항으로 직원 역량 부족이라는 응답이 제일 많았고 인프라 부족과 투자비용 등도 손꼽혔다. 전문 인력이 부족하다 보니 기업 상당수가 디지털 전환 관련 기술을 외부에서 조달했다. 응답자 가운데 96.1%가 '디지털 전환 관련 소프트웨어 기술을 모두 외부개발 업체에서 구매하는 수준'이라고 응답했다. 1.3% 기업만이 '자체 개발, 활용하는 수준'이었다. 사정이 이렇다 보니 대부분 디지털 전환을 시작하는 단계인 것으로 드러났다. 제품·서비스 혁신, 공정 혁신, 비즈니스 모델 혁신이 속도를 내지 못하고 있는 것이다.[3]

디지털 전환 추진 확산을 위해 '정부의 소프트웨어 활용 및 융합

2022년 소프트웨어융합 실태조사

(단위: %)

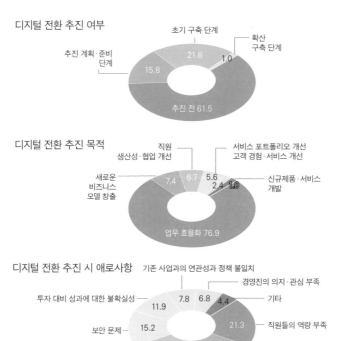

디지털 전환 추진 여부

- 초기 구축 단계 21.8
- 확산 구축 단계 1.0
- 추진 계획·준비 단계 15.8
- 추진 전 61.5

디지털 전환 추진 목적

- 직원 생산성·협업 개선 6.7
- 서비스 포트폴리오 개선 고객 경험·서비스 개선 5.6
- 새로운 비즈니스 모델 창출 7.4
- 2.4
- 신규제품·서비스 개발 1.0
- 업무 효율화 76.9

디지털 전환 추진 시 애로사항

- 기존 사업과의 연관성과 정책 불일치 7.8
- 경영진의 의지·관심 부족 6.8
- 투자 대비 성과에 대한 불확실성 11.9
- 기타 4.4
- 보안 문제 15.2
- 직원들의 역량 부족 21.3
- 투자 비용 문제 15.6
- 관련 인프라 부족 17.0

(출처: 소프트웨어정책연구소)

전문 인력 양성 지원' '소프트웨어 개발 및 구축 지원 사업 확대' '소프트웨어 활용 및 융합을 위한 교육 지원'이 필요하다고 응답했다. 디지털 전환은 기술과 인력 양성은 물론이고 제도적 환경 등 총체적 역량이 결집돼야 가능하다. 기업의 디지털 전환이 늦어지면 늦어질수록 기업의 경쟁력은 약화될 수밖에 없다. 전문 인력 없는 디지털 전환은 사상누각이나 다름없다.[4]

4.

디지털 전환 수준
자가 진단을 해보자

기업이 체질을 바꾸기 위해서는 시간과 비용이 많이 든다. 제품이나 유통구조를 바꿀 때는 많은 사전 준비와 전문가 투입 등 철저하게 투자와 효과를 계산한 후 시행하는 것이 일반적이다. 하물며 기업이 디지털 전환을 하기 위해서는 그보다도 더 많은 준비와 노력이 필요하다. 기존 제품이나 경영은 모두가 전문가이지만 디지털화의 경우 대부분 경영자가 필요성은 알지만 무엇을 어떻게 해야 하는지를 잘 모르기 때문이다. 그러다 보니 혁신이나 디지털 전환 추진에서 항상 대두되는 성공 필수 조건의 첫째가 '최고경영자의 관심과 지원'이다. 물론 이것도 당연히 필요하겠지만 현재 수준의 진단부터 대책까지 일관성이 있어야 한다. 더욱이 회사의 체질과 업을 바꿀 수 있는 것이므로 IT와 디지털 전환 전문가뿐만 아니라 경영전략 전문가 등이 투입되어 사전 준비를 철저히 해야 한다.

많은 기업이 디지털 전환을 한다고 하지만 이를 추진하는 최고 임원이 상무급인 경우가 대부분이고 IT 부서다. 그러다 보니 회사 내에서 말발도 약하고 업무 전체를 다 아우를 수 없어서 디지털 전환을 IT 수준으로 진행하거나 최근 유행하는 기술을 단순히 적용하는 수준에 머물고 있다. 이는 디지털을 통해 회사의 체질을 바꾸고 미래를 준비한다는 것과는 거리가 멀다. 오히려 하는 척하면서 시간만 지나가 정신을 차려 보면 이미 기업의 경쟁력은 다시 회복하기 어려운 지경까지 갈 수 있다.

기업에서 디지털 전환을 추진하려면 원활한 전환을 보장하는 체계적인 방법론과 혁신의 효과를 측정하기 위한 수준 측정 방법론이 필요하다. 디지털 전환을 위한 체계적인 방법론에 대해 알아보자.

1. 평가

첫 단계는 기업의 현재 상태를 평가하는 것이다. 여기에는 기존 업무 프로세스, 활용 기술, 부서별 기능, 기업 문화에 대한 이해가 포함되어야 한다.

2. 비전·전략 정의

디지털 전환을 통해 변화하게 될 기업의 미래 목표와 모습을 설정한다. 그 다음 이 비전을 달성하기 위한 각 단계를 명확하게 설명하는 추진전략을 수립한다.

3. 계획

전략을 달성 가능한 작업으로 분류하고 책임 있는 담당자에게 할당하여 일정을 수립한다. 계획에는 진행 상황을 측정하기 위한 핵심성과지표KPI, Key Performance Indicator가 포함된다.

4. 실행

추진 전략에서 선정된 디지털 기술을 구현한다. 신기술 통합, 프로세스 디지털화, 직원 교육 등을 포함하도록 한다.

5. 검토와 수정

추진전략과 실제 구축상황을 지속적으로 모니터링하여 제대로 진행되고 있는지 확인한다. 사용자의 피드백, 사용 기술의 발전, 비즈니스 변화 등이 있다면 계획을 조정할 수도 있다.

기업의 디지털 전환 수준을 진단하는 방법은 여러 가지가 있다. 시간과 돈을 많이 들여서 세밀하게 진단하면 좋겠지만 계획을 세우다가 주변 환경이 변화하면서 지칠 가능성이 크고 계획을 세우는 중에 또 다른 상황이 발생해서 배가 산으로 가기도 한다. 특히 최근 경영 기법 중에는 중장기 계획을 수립하지 말고 1년 이하의 단기 경영전략을 자주 점검하고 수정하면서 경영을 하는 방법이 대두됐다.

디지털 전환도 마찬가지다. 디지털 전환을 한다는 것은 현장의 경영, 생산, 유통, 영업 부문을 어떤 형태로든 경쟁력 있게 변화시키는 것에 그 목적이 있는 것이다. 신기술 그 자체를 적용하는 데 목적이 있는 것은 아니다. 따라서 현재의 수준을 쉽고 간결하게 점검하고, 그 점검 내용을 바탕으로 향후 어떻게 변화할 것이냐를 관련 부서와 협의하고 경영 회의에 상정함으로써 회사의 변신을 유도해야 한다. 디지털 전환은 마치 경영 혁신을 하는 것과 같다.

앞에서 제시한 '디지털 전환 성숙도 점검표'를 통해 현재 수준을 계량화하여 점검하며, 동시에 경쟁사나 선진 회사의 상황이나 성공 사례 등을 파악함으로써 우리 회사의 현 수준을 진단하고 단계적인 목표 수준을 정하는 것이 급선무다. 디지털 전환의 효과를 측정하기 위해 디지털 전환 목표와 일치하는 핵심성과지표KPI를 설정해야 한다. 일반적으로 사용되는 핵심성과지표는 다음과 같다.

1. 운영 효율성

각 조직이 자원을 얼마나 잘 사용하고 있는지 측정한다. 프로세스 주기 시간, 트랜잭션당 비용, 오류율을 통해 측정할 수 있다.

IT·디지털 전환 수준 진단 점검표(예시)

구분	시스템 명	진단결과 (5점)	예상목표 (5점)	현황	이슈
전사적 자원관리	SAP	1.5	4.5	• 12개 계열사별 운영 • 구버전(ECC) 시스템 사용	• 그룹 기준 정보 개별운영, 미 표준화 • 계열사간 거래 트래킹 불가·실시간 조회 불가 • 영업계획·생산계획 미사용
생산·물류	생산 관리 시스템	2.0	4.0	• 0/00개 공장	• 생산 관리 시스템 미 구축 라인의 생산실적 수동 집계 • 스마트공장 최소사양인 생산 관리 시스템 도입 필수 • 노무비 및 경비 배부 차이로 제조 원가 신뢰성 저하
생산·물류	창고 관리	2.2	4.0	• 0/00개 공장 사용 중(WMS)	• 시스템 노후화(Active X)로 IT 최신 환경 대응 불가 • 물류 시스템 간 데이터 연계 미비 • 실시간 운송 경로, 로트 번호 추적을 위한 업그레이드 필요
오피스	그룹 웨어	3.3	4.5	• 차세대 구축 (2021년)	• 반복 업무의 자동화 필요(로봇 처리 자동화, 인공지능 챗봇 등) • 시스템별 분리된 결재 업무의 통합 필요
오피스	데이터 웨어 하우스 (분석)	2.5	4.2	• 거래 기반 데이터 베이스만 있음	• 각 사 활용 가능 시스템 부재로 업무 영역별 수작업 리포팅 작업 과다, 전 데이터 통합분석 데이터 웨어하우스 필요
오피스	경비 정산 매출 정산	1.8	4.5	• 사별 전표 처리 시스템 • 매출 정산 시스템의 부재	• 매출 유형 증가 적기 미 반영 : 67개(2020년) → 94개(2022년) • 재무 결산 업무 시스템화로 결산 모니터링 강화
점포·품질	포스	2.7	4.0	• 각 사별 포스 운영 및 외부 포스 운영	• 전사적 자원관리 손익 정보와 포스 데이터, 고객 데이터 연계 통합 분석 데이터베이스 부재
점포·품질	점포 통합 관리	2.7	4.0	• 0개사 운영 중	• 점포통합관리 데이터와 전사적 자원관리 품질 데이터 연계
점포·품질	고객의 소리	2.8	4.0	• 그룹 통합 고객의 소리 운영 중	• 전사적 자원관리와 연계된 품질 분석 체계 정립 필요

2. 고객 경험

고객이 제품 또는 서비스에 얼마나 만족하는지 측정한다. 고객

IT·디지털 전환 수준 진단 점검표(예시)

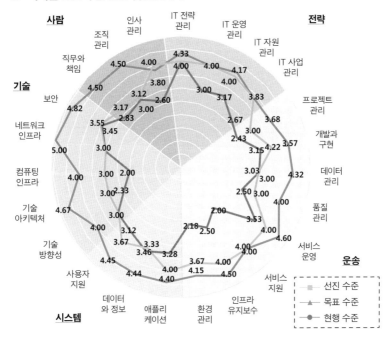

만족도 점수, 순고객추천지수NPS, Net Promoter Score, 이탈률을 통해
측정할 수 있다.

3. 재무 성과

혁신의 재무적 영향을 측정한다. 수익 증가, 비용 절감, 투자수익
률ROI을 통해 측정할 수 있다.

4. 디지털 성숙도

디지털 기술이 조직 내에 내장된 정도를 측정한다. 디지털화된

프로세스 비율이나 디지털 도구 사용률을 통해 측정할 수 있다.

5. 혁신

조직의 혁신 정도를 측정한다. 출시된 신제품 또는 서비스의 수, 수익률을 통해 측정할 수 있다.

디지털 전환 수준을 측정하고 디지털 전환을 추진할 때 기억해야 할 가장 중요한 점은 일회성 프로젝트가 아니고 지속적인 변화 혁신 프로세스라는 점이다. 그러므로 지속적인 노력과 모니터링과 개선이 필요하다. 디지털 혁신에 대한 만능 접근 방식은 없다. 각 조직에는 고유한 요구사항과 과제가 있다. 그에 따라 접근 방식과 측정을 조정하여 유연하게 추진하는 것이 중요하다.

11장

기업 시스템을 디지털로 고도화하자

BUSINESS
DIGITAL
REVOLUTION

1.

기업 경쟁력은
디지털 시스템에서 나온다

2023년 6월 경제협력개발기구OECD가 발표한 「경제전망 보고서」를 보면 세계 경제성장률과 G20 국가 평균은 2.7%인 데 반해 우리나라는 종전 1.6%에서 1.5%로 하향 조정됐다. 또한 물가상승률은 2022년에 5.1%를 기록했고 2023년에는 3.4%를 전망하지만 공공요금이나 장바구니 물가 인상이 줄줄이 예고되고 있어서 일부에서는 5% 이상을 예상하기도 한다.[1]

경제협력개발기구의 디지털경제사회지수DESI를 보면 우리나라는 미국과 일본보다 앞선 세계 5위에 기록돼 있다. 이는 우리나라가 광대역통신망, 디지털 기술, 전자상거래, 소셜미디어 사용, 온라인 정부 등 5개 영역에서 세계 최상위 경쟁력 보유 국가임을 말해준다.

하지만 기업 내부를 들여다보면 변화와 혁신에 둔감하고 사내경영 체계가 아직도 수작업에 의해 운영되고 있다. 과거 성공 방정식에 안주해서 변화를 두려워하고, 고령화로 인해 직책 없는 고연봉 인력이 증가하고, 주52시간제나 탄력근무제나 재택근무제는 본연의 취지가 무색하게 운영되고 있어서 개인의 발전과 기업의 경쟁력을 저하하는 원인으로 꼽힌다.

더군다나 IT 강국으로서 우수한 정보 시스템과 산업 시스템은 많지만 제대로 운영되거나 작동되지 않고 있다. 제조업의 경우 주문에서부터 생산, 물류로 이어지는 긴 밸류체인을 갖고 있다. 이 프로세스는 모두 전사적 자원관리와 자동화 설비에 따라 물 흐르듯 진행되고 있다. 외부 원자재 공급처는 물론 거래처까지도 온라인으로 연결되어 실시간으로 공급망 관리 데이터를 주고받고 있으며 미래를 예측하는 시스템까지 마련돼 있다.

이 기반 위에 더욱 글로벌 경쟁력을 추구해야 한다. 하지만 현실을 보면 제조 각 단계가 단절돼 있고 단절 부위에 사람이 개입되어 있어 부정확한 데이터가 입력되고 외부와도 연계되지 못하고 있다. 그로 인해 생산비 증가와 의사결정 지연으로 인해 결국 제조원가가 늘어나 기업은 경쟁력을 잃어버리는 상황이 많다.

어느 시대라도 국가나 기업은 반드시 성장해야 한다. 장기 불황의 그늘이 드리워지면서 내수 감소는 물론 수출까지도 부진한 현 상황에서 기업은 지속 성장과 수익성 유지를 위해 지난날보다도 더 치열하고 적극적인 조치를 해야 한다.

첫째, 고객 요구사항에 집중해야 한다. 고객의 행동과 기대치의 변화에 선제적으로 대응함으로써 새롭고 혁신적인 방식으로 시장이 선호하는 제품과 서비스를 출시해야 한다. 둘째, 생산성 향상을 위해 노력해야 한다. 비용 절감이 아니라 원가 절감을 위해 경영 자원을 총동원하며 품질 저하 없이 원가를 절감할 수 있는 방법을 찾아야 한다. 셋째, 디지털 전환을 가속화해야 한다. 기업의 경쟁력은 시스템에서 나온다. 과거의 아날로그형에서 디지털형 경영 관리로 바꾼다는 것을 의미하며 그러기 위해서는 반드시 사람의 혁신과 함께 시스템의 디지털화가 필수적이다. 넷째, ESG 경영을 실천해야 한다. 기업 경영의 가치를 지구 환경 개선과 사회 참여 등으로 확대하면 기업 이미지를 크게 제고함은 물론 종업원의 자긍심을 높일 수 있다.

가까운 미래는 새로운 기술의 출현으로 인해 더 큰 변화가 예상된다. 경기 침체와 경쟁 격화 등으로 위축된 환경 속에서 급격한 변화가 예상되는 미래에 철저히 대비하기 위해서는 끊임없는 혁신과 디지털화만이 답이다.[2]

2.

시스템 경영의 기본은
전사적 자원관리다

　전사적 자원관리ERP, Enterprise Resource Planning 시스템은 여러 부
서의 다양한 비즈니스 프로세스를 대통합하여 데이터의 일관성
과 가용성을 보장한다. 경영자가 정확한 최신 정보를 실시간 제공
받아 정보에 입각한 의사결정을 신속하게 내릴 수 있도록 하는 것
이 첫 번째 목적이다. 전사적 자원관리 시스템은 비즈니스 프로세
스를 자동화함으로써 비용은 절감하고 효율성은 향상할 수 있으므
로 기업은 자원을 최적화하고 전반적인 성과를 개선할 수 있다. 또
한 비즈니스가 성장하고 발전함에 따라 사내 제도나 사업의 추가

와 변경뿐만 아니라 정부의 세제나 법령 변경 시 즉시 유연하게 변경할 수 있다. 특히 글로벌 사업을 하는 기업이 글로벌 전사적 자원관리를 사용하면 세계 각국의 각종 제도를 시스템에 반영하기가 수월하다. 세무나 법무 당국으로부터 자료의 투명성을 인정받기 때문에 결산과 공시 시 매우 유리하다.

전사적 자원관리 시스템을 새로 구축하거나 업그레이드하는 결정은 큰 비용과 시간을 투자해야 하므로 기업으로서는 매우 중요한 의사결정이다. 단지 비용과 시간만 투자하는 것이 아니라 전사적 자원관리를 통해 회사의 프로세스를 미래 지향적으로 바꾼다는 위험 또한 감수해야 한다. 지금의 일하는 방식을 체계적으로 정리하거나 새로 만든다고 하면 기존 업무 방식에 익숙한 임직원 대다수는 불편하기 때문에 프로젝트 초기부터 전사적 자원관리 TFT와 현업 간에 갈등이 많이 일어난다. 특히 현재 체제를 통해 기득권을 갖고 있는데 새로운 시스템을 도입하여 그 업무가 자동화되거나 폐지되기도 하기 때문에 관련 부서가 저항할 수 있다. 수년간 투자를 통해 전사적 자원관리 프로젝트가 구축되고 난 후에도 상당 기간 안정되지 않아 경영에 어려움을 겪는 사례도 있다.

국내에서 전사적 자원관리 적용에 성공한 사례로는 삼성전자의 N-ERP가 있다. 삼성전자는 국내보다 해외 비즈니스가 더 큰 다국적 대기업으로 일찌감치 1990년대 초에 전사적 자원관리를 도입하여 지속적으로 유지 발전하면서 글로벌 리더로 성장할 수 있었다. 전 세계 삼성전자 사업장의 모든 데이터(생산, 구매, 영업, 경영 실적 등)가 실시간으로 운영되고 본사에서는 경영 현황을 한 번에 파악 가능하니 정말 놀라운 일이다. 전사적 자원관리의 완벽한 운영 없이는 글로벌 경영은 불가능했을 것이다. 2018년 10월 새로운 N-ERP 프로젝트에 착수하여 동남아, 서남아, 중국을 시작으로 국내 사업장까지 2022년 4월에 성공적으로 마무리했다. N-ERP는 새로운 비즈니스에 대응하기 위한 시스템 통합과 전문 솔루션 도입, 데이터 기반 의사결정을 위한 시스템 성능 향상, 인공지능을 통한 의사결정 지원과 업무 자동화 등 신기술을 적용한 것이 특징이다.

전사적 자원관리를 성공적으로 구축하기 위해 우선으로 고려해야 할 사항은 다음과 같다. 첫째, 전사적 자원관리를 통해 회사를 새롭게 변신시키겠다는 경영층의 강한 리더십이 필요하다. 경영진은 도입의 필요성과 중요성을 전사적으로 공유하고 직원들의 협조를 끌어내야 한다. 도입에 필요한 자원을 충분히 확보하고 프로젝트를 성공적으로 추진하기 위한 계획을 수립해야 하며 진행 상황을 수시로 점검하여 필요한 조치를 해야 한다. 또한 직원들에 대한 교육과 지원을 아끼지 않아야 한다.

둘째, 추진 조직 TFT 구성 시 부서별로 일을 가장 잘하고 개선 의지가 강한 직원을 선발해야 한다. 하지만 이러한 직원을 TFT로 차출하기는 현실적으로 쉽지 않다. 그러나 각 부서가 보내주는 잉여 인력으로 구성했다가는 프로젝트의 성공을 장담할 수 없다. TFT는 경영진, IT 부서, 사업부서 등 다양한 부문의 인원으로 구성하는데 프로젝트의 전반적인 계획 수립, 개발 추진, 자원관리 등을 담당하도록 한다.

셋째, 대개 외부 전문 컨설팅 회사를 활용하는데 중요한 점은 그 회사의 명성이 아니라 어떤 프로젝트 매니저PM와 프로젝트 리더PL가 투입되느냐가 더 중요하다. 그러므로 컨설팅 계약 전에 투입 인력 명단을 꼭 확인해야 한다. 또한 컨설팅 회사(외부)와 TFT(내부)를 '전사적 자원관리 추진 조직'으로 구성하고 반드시 한 팀이 되도록 인력을 섞고 권한을 충분히 부여하는 것이 좋다.

넷째, 기업에는 전사적 자원관리 시스템만 있는 것이 아니다. 생산 관리, 제조 관리, 품질 관리, 주문 관리, 인사 관리 등 많은 기존 시스템들이 중심 시스템Back-bone인 그룹웨어 시스템과 연결되어 하나의 시스템으로 돌아가고 있다. 만약 개별 기존 시스템과 전사적 자원관리 시스템이 데이터를 원활히 주고받지 못하다면 착수하면서 개별 기존 시스템의 업그레이드 계획을 동시에 추진해야 한다. 기존 레거시 시스템이 있는 환경에서 새로운 시스템을 구현하는 것은 복잡한 작업이 될 수 있다.

다음은 전사적 자원관리 시스템 구축 시 필요한 일반적인 절차이다.

1. 비즈니스 프로세스 분석

기존 레거시 시스템과 이들이 지원하는 비즈니스 프로세스를 분석하고 문서화한다. 전사적 자원관리 구축 시 얻을 수 있는 장단점을 명확히 한다.

2. 전사적 자원관리 선택

기능, 확장성, 기존 시스템과의 호환성, 공급업체 지원 및 비용과 같은 요소를 염두에 두고 기업에 가장 적합한 것을 결정한다.

3. 계획 수립

레거시 시스템에서 새 전사적 자원관리로 전환하는 방법을 자세히 설명하는 포괄적인 계획을 수립한다. 이 계획에는 일정, 필요한 자원, 잠재적 위험 및 전환 전략이 포함된다.

4. 데이터 마이그레이션 계획

레거시 시스템에서 새 전사적 자원관리로 전환해야 하는 데이터를 결정한다. 새 시스템과의 호환성을 보장하기 위해 데이터 정리, 형식 지정, 통합이 필요하다.

5. 통합 계획

전사적 자원관리와 다른 시스템과 상호 연동되도록 하는 시스템 통합 계획을 수립한다. 시스템 간의 원활한 데이터 흐름을 보장하기 위해 인터페이스를 구축하거나 미들웨어를 사용할 수 있다.

6. 구현

새 전사적 자원관리를 설치하고 비즈니스 프로세스에 맞게 사용자를 등록한다.

7. 테스트

새 시스템이 예상대로 작동하고 다른 시스템과 제대로 상호 작동하는지 모든 기능, 데이터 무결성 및 성능 등을 철저히 테스트한다. 일반적으로 새로 구축한 시스템과 레거시 시스템을 수개월간 동시에 운영하는 경우도 있다.

8. 교육

새 전사적 자원관리 시스템을 사용하는 방법에 대해 사용자 교육을 한다.

9. 가동 준비

테스트 및 사용자 교육을 성공적으로 마친 후 레거시 시스템에서 새 전사적 자원관리로 작업을 전환한다. 업무 중단을 최소화하기 위해 부서별로 단계적으로 전환하는 경우도 있고 지역별로 단계적으로 전환하는 경우도 있다.

10. 구현 및 평가

시스템이 정상 가동된 후 성능을 모니터링하고 문제를 해결하고

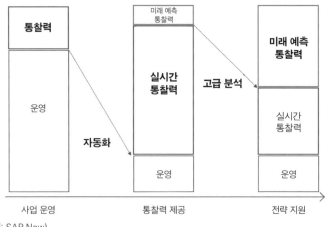

(출처: SAP Now)

목표를 충족하는지 평가한다. 사용자에게 지속적인 교육과 지원을 하고 운영 최적화를 위한 시스템 조정 작업도 이루어진다.

전사적 자원관리 구축 방식에는 크게 세 가지가 있다. 사내 자체 구축하는 온프레미스On-premise 유형, 사용료를 지불하고 사용하는 클라우드 유형, 이 두 가지를 업무에 따라 병행하는 하이브리드 유형이 있다. 비유적으로 설명하면 기업에서 임직원의 이동을 위해 전용 차량을 구입해서 운영하는 것은 온프레미스 유형이고 택시를 이용하는 것은 클라우드 유형이라고 할 수 있다.

최근의 전사적 자원관리는 클라우드 환경으로 구축되면서 인공지능 자동 프로세스Intelligent, 관련 업체 간의 손쉬운 연결Net-worked, 사용자 협업툴과의 연계Collaborative, 탄소관리 등 통합 그

린원장Sustainable 등을 지원하고 있어 기업의 지속가능 경영을 가능하게 한다.

전사적 자원관리의 기능이나 역할 측면에서도 많은 변화가 있다. 과거에는 현재의 일을 단순화하고 자동화하는 것이 주목적이었다면 지금은 이러한 자동화는 당연한 것이고 실시간 통찰력을 얻기 위한 기능이 점점 더 많이 추가되고 있다. 앞으로는 더욱 분석적인 기능이 강화되면서 미래 예측 통찰력이 중요시될 것으로 예상된다.

전사적 자원관리 솔루션은 국산 제품과 글로벌 제품으로 분류할 수 있다. 재무, 인사, 영업, 공급망 관리와 같은 다양한 기능을 단일 통합 시스템으로 통합하여 기업이 비즈니스 프로세스를 관리할 수 있도록 지원한다는 원칙은 국산이나 글로벌 제품이나 동일하다. 하지만 얼마나 다양한 기업이 사용하면서 더 많은 프로세스를 담고 있는가, 또는 많은 국가에서 사용하면서 각 나라의 세법이나 법령, 제도 등을 정확히 반영하고 있는가에서 차이점이 있다. 국내 기업이 선정할 때 기업의 규모가 1조 원 이상이거나 해외법인과 통합계정을 운영하고자 하는 경우에는 글로벌 대기업에서 많이 사용하는 것을 선정하는 경우가 대부분이다. 하지만 비용 대비 효과나 제 기능 등을 충분히 검토 후 선정하는 것이 바람직하다.

글로벌 전사적 자원관리 솔루션으로는 독일 SAP의 에스포하나 S/4 HANA를 가장 많이 사용하고 있고 그다음으로는 오라클의 넷스위트NetSuite, 마이크로소프트의 다이내믹스 365Dynamics 365, 인포의 클라우드스위트CloudSuite, 에피코르의 전사적 자원관리 등이 있다. 국내 전사적 자원관리 솔루션으로는 더존비즈온의 ERP10과 영림원소프트랩의 K-시스템을 많이 사용하고 있으며 그 외에 티맥스소프트의 프로버스ProBlz, 삼성SDS의 브리티웍스, LG CNS의 엔트루, 네이버의 워크플레이스 등이 중소기업용으로 설계되어 공급되고 있다.

3.

시스템 경영의 최종 목표는
공급망 관리다

공급망 관리SCM, Supply Chain Management는 기업에서 제품 또는 서비스를 조달, 생산, 배송하는 것과 관련된 모든 활동과 프로세스를 체계적으로 조정하고 통합하는 일체의 시스템을 일컫는다. 여기에는 원자재 구매, 제품 생산, 최종 고객 도달을 포함해 공급망의 모든 측면에 대한 계획, 실행, 제어가 포함된다. 공급망 관리의 주요 목표는 운영 효율성을 개선하고 비용을 절감하며 고객 요구를 효과적으로 충족시키는 것이다. 업스트림(제조, 생산)은 물론 다운스트림(판매, 영업)까지 전체 밸류체인을 총망라하여 일관되게 관리하는 것을 목표로 하고 있다.

공급망 관리 시스템을 성공적으로 구축하기 위해 다음과 같은 원칙을 따른다면 고객에게는 가치를 제공하고, 조직은 비즈니스 목표를 달성하고, 기업은 경쟁 우위를 주도하는 강력하고 효율적인 공급망을 구축할 수 있다.

1. 협업 체계 구축

원자재 공급업체, 제조 협력업체, 물류 제공업체, 기타 이해관계자와 강력한 유대 관계를 맺는다. 공급망 관리 시스템을 개발하는 것과 무관하게 평소에도 당연히 협력 구도를 만들어야 한다. 본사와 각 협력업체를 연결하고 실시간으로 주문과 배송을 처리하는 공급망 관리 시스템을 구축하기 위해서는 평소 유대 관계보다 더욱 확고부동한 업무적 협력 관계를 형성해야 한다. 협업을 통해 정보를 공유하고, 업무를 조정하고, 재적인 문제를 사전에 해결할 수 있다.

2. 가시성 확보

원자재 구매에서 고객에게 완제품을 인도하기까지 전체 공급망에 대해 실시간으로 가시성을 제공하는 시스템을 구현한다. 가시성이 확보되면 더 나은 의사결정을 내리고 불확실성을 줄이며 잠재적인 병목 현상과 비효율성을 식별할 수 있다.

3. 민첩한 경영

수요와 공급, 시장 조건의 변화에 신속하게 대응할 수 있는 유연하고 생존 가능한 공급망을 설계한다. 민첩하게 대응하는 공급망은 불확실성, 위험, 혼란을 더 잘 관리하여 고객의 요구를 효과적으로 충족할 뿐만 아니라 공급망에 연결된 모든 협력업체에 이익을 가져다줄 수 있다.

4. 통합 운영

기술과 표준화된 프로세스를 사용하여 조달, 생산, 재고 관리, 물류와 같은 다양한 공급망 기능을 통합한다. 통합 운영을 하면 운영 간소화, 지연과 오류 감소, 업무 확장 용이 등 전반적인 운영 효율성 향상을 이룰 수 있다.

5. 최적화 노력

공급망 프로세스를 지속적으로 분석하고 최적화하여 개선해야 할 영역을 식별하고 낭비를 줄이며 효율성을 높인다. 최적화를 하기 위해 린 원칙을 도입하고, 자동화에 투자하고, 구매 전략을 재평가할 수 있다.

6. 위험 관리

생산이나 물류의 중단, 자재의 수요와 가격 변동, 협력사의 경영 상태, 지정학적 사건과 같은 공급망의 위험 등을 식별하여 관리하도록 한다. 비상 계획을 구현하고 공급망에 탄력성을 구축하여 공급 중단이 미칠 영향을 최소화한다.

7. 고객 중심

고객을 공급망 관리 결정의 중심에 두고 고객 만족을 보장하여 장기적인 관계를 구축하기 위해 공급망 프로세스와 전략을 고객의 요구사항, 선호도, 기대치에 맞춘다. 늘 고객 중심 경영을 한다고 하지만 고객에 대한 이해와 연구가 부족하여 고객이 무엇을 원하는지 잘 모르는 것이 현실이다. 궁극적으로 경영에 차질을 빚는 경우가 많다.

국내에서 공급망 관리를 성공적으로 구축한 우수 사례로는 SK하이닉스를 들 수 있다. SK하이닉스는 공급망 관리 구축 프로젝트를 통해 공급망의 재고를 30% 이상 줄이고, 공급업체와 협력을 강화함으로써 원가를 10% 이상 절감하고, 고객의 주문 정보를 실시간으로 추적하고, 고객에게 정확한 배송 정보를 제공함으로써 고객 만족도를 15% 이상 높일 수 있었다. 공급망 관리를 구축함으로써 재고의 최적 수준을 유지하고, 품질 관리 시스템을 강화함으로써 제품의 품질을 향상하고, 위험 관리 시스템을 구축함으로써 공급망의 위험을 관리하여 재해 발생 시에도 공급망을 안정적으로 유지할 수 있었다.

대부분 제조 회사들은 공급망 관리 구축을 최대 목표로 생각하고 있다. SK하이닉스 외에도 삼성전자, LG전자, 현대자동차 등이 원가 절감, 물류비 절감, 재고 최적화, 부품 공급 안정성 확보, 생산 효율성 향상, 고객 만족도 제고 등을 목표로 공급망 관리 구축에 만전을 기하고 있다.

4.

반복적 사무 업무는
로봇 처리 자동화하라

로봇 처리 자동화RPA, Robotic Process Automation는 데이터 입력, 양식 작성, 송장 처리와 같은 시간 소모적인 반복 작업 프로세스를 자동화함으로써 시간과 자원을 절약할 수 있도록 한다. 또한 로봇 처리 자동화는 작업을 정확하게 수행할 수 있으므로 수동 프로세스에서 발생할 수 있는 오류 위험을 줄일 수 있고 기록 보관과 보고 작업을 자동화함으로써 조직이 규정을 더 잘 준수하도록 한다. 그러므로 로봇 처리 자동화를 사용하면 직원을 추가로 고용할 필요 없이 소프트웨어 로봇을 배포하여 증가된 작업 부하를 줄일 수

로봇 처리 자동화

있으므로 정기 업무를 빠르고 쉽게 운영할 수 있다.

로봇 처리 자동화를 제대로 활용하기 위해서는 현재 수작업으로 수행 중인 업무 중에서 자동화에 적합한 업무를 찾아내는 것이 가장 중요하다. 로봇 처리 자동화를 적용하려면 조직의 문화, 구조, 업무 흐름을 변경해야 할 때가 많다. 원활한 전환과 직원 동의를 보장하려면 적절한 변경 관리가 필수적이다. 또한 로봇 처리 자동화는 기존 IT 시스템과 인프라와 원활하게 통합되어야 하며, 비즈니스 프로세스가 발전함에 따라 관련성과 효율성을 유지하기 위해 로봇 처리 자동화 시스템을 업데이트하고 유지 관리해야 한다.

삼성전자는 고객 서비스, 재무, 인사 등 다양한 분야의 업무에 적용한 결과 업무 효율성이 30% 향상되고 비용은 20% 절감됐다. LG전자는 생산, 품질 관리, 물류 등 다양한 분야의 업무를 자동화하여 생산성이 20% 향상되고 불량률은 10% 감소했다. 현대자동차는 로봇 처리 자동화를 통해 고객 서비스, 재무, 인사 등 다양한 분야의 업무를 자동화하여 업무 효율성이 25% 향상되고, 비용은 15% 절감됐다. 신한은행은 자금 이체 업무를 자동화하여 자금 이체 시간을 50% 단축하고, 자금 이체 오류를 100% 방지할 수 있게 됐다. NH농협은행과 국민은행은 고객 문의 처리, 대출 심사, 자금 이체 등 다양한 분야에 로봇 처리 자동화를 적용하여 업무 효율성이 25% 향상되고 비용은 15% 절감됐다.

CJ대한통운은 배송 업무에 적용하여 배송 시간이 단축되고 배송 오류가 줄어들었다. 제일제당은 생산 업무에 적용하여 생산성이 20% 향상되고 불량률이 10% 감소했다. CGV도 고객 대응에 적용하여 고객 응답 시간이 줄어들고 고객 만족도가 높아졌다.

유통업체 중에서는 롯데마트, 이마트, 홈플러스 등이 주문 업무, 배송 업무, 재고 관리 업무에 적용하여 주문 처리 시간이 20%, 배송 시간이 30%, 재고 관리 시간이 20% 단축되고, 배송 오류는 15% 감소하는 등의 효과를 보고 있다. 서울아산병원, 서울대학병원, 삼성서울병원은 입원환자 배정, 보험 청구, 환자기록 관리 등에 적용했다. 국가보훈처는 독립유공자 생활지원금 공문 작성 업무를 자동화하여 연간 6,300시간의 업무 시간을 절감했다. 그밖에도 많은 기업에서 크고 작은 업무에 로봇 처리 자동화를 적용하여 업무 효율성과 비용 절감에 큰 효과를 거두고 있다.

해외 사례로는 호주의 ANZ은행이 있다. 반복적인 작업을 자동화하여 오류를 크게 줄여 데이터 품질과 정확도를 높였다. 거래를 더 빠르고 효율적으로 처리하여 전반적인 생산성을 향상했으며 수작업 요구사항을 줄이고 운영을 합리화하여 상당한 비용을 절감할 수 있었다. 결과적으로 처리 시간이 단축되고 오류가 감소함으로써 더 나은 고객 경험을 제공할 수 있었다.

이렇게 로봇 처리 자동화는 비교적 간단한 수작업 업무를 자동화하는 데 효과를 볼 수 있다. 반면 변동성이 있는 업무나 고도의 기술력이 필요한 복잡한 업무 등에는 적합하지 않으므로 추진 시 적용 업무에 대한 충분한 사전 검토가 필요하다.

5.

근무환경이
하이브리드 워크로 바뀐다

　코로나 팬데믹 기간 동안 많은 기업이 재택근무 방식을 채용했다. 재택근무는 감염에 대한 보호 조치일 뿐만 아니라 출퇴근의 번거로움을 줄여 워라밸의 상징으로 대두되면서 전체 구성원을 재택근무화한 기업까지 등장했다. 여기에 주52시간제, 탄력근무제, 재택근무제 등은 본연의 취지와 다르게 운영되고 있어서 하이브리드 워크Hybrid Work 같은 통제와 지원이 체계적으로 이루어지는 새로운 형태의 근무 방식이 대두되고 있다.

　미국의 경우 재택근무자 비율이 2020년 20%에 불과했지만

하이브리드 워크 솔루션

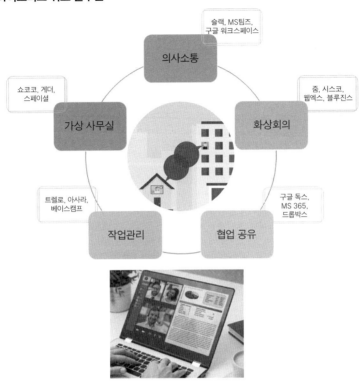

2021년 50%, 2022년 60%로 증가했다. 코로나 팬데믹이 엔데믹에 들어섰지만 직장인의 사무실 복귀는 정체 중인 것으로 나타났다. 사무실 출근과 재택근무를 병행하는 하이브리드 근무 형태가 정착된 데 따른 현상이다. 『월스트리트저널』이 4,500개 기업을 모니터링한 결과 조사 대상 기업의 58%가 하이브리드 근무 방식을 채택하고 있으며 직원들은 일주일에 평균 2.5일만 사무실로 출근한다고 보도한 바 있다.

사무실 근무와 재택근무 혼용으로 발생하는 문제

일본의 출산율은 1.27명으로 한국의 0.78명보다는 훨씬 형편이 낮지만 일본 정부가 내놓은 저출산 대책 중에 남성 육아휴직 확대가 담겨 있다. 아이가 세 살까지 재택근무를 할 수 있도록 법령을 개정했다.[3]

재택근무의 편리한 맛을 본 세대들은 다시 사무실로 복귀하기를 꺼린다. 하지만 기업은 생산성이나 소통의 저하는 물론 재교육 등을 이유로 출근을 독려하고 있다. 하지만 한 번 바뀐 문화나 제도는 다시 과거로 돌아가기 어렵다. 그러므로 장점을 최대한 살린 하이브리드 워크가 최적의 방안일 것 같다.

하이브리드 워크는 사무실 근무와 재택근무 또는 원격근무를 혼합한 방식이다. 사무실 근무자와 재택근무자를 IT 시스템으로 연결하고 보완함으로써 직원과 조직 모두에게 이익이 되는 유연한 근무 모델이다. 기업은 사무실 공간과 장비 관련 비용을 절약하면서 생산성과 직원 만족도를 높일 수 있고, 직원은 동료와 직접 교류하고 협업하면서 원격근무의 편리함을 누릴 수 있다.

그러나 하이브리드 워크도 대면 교류의 기회가 줄어들면서 의사소통, 조직문화 공유, 자원이나 데이터에 대한 접근, IT 시스템에 대한 기술적 숙련 등에 차질이 생겨 문제점이 상존한다. 하이브리드 워크를 성공적으로 정착시키려면 제도와 지침만으로는 부족하다. 사무실 근무자와 재택근무자가 혼합되어 있어 누가, 언제, 어디서 근무하고 있거나 휴가 중인지 알 수 없고, 일을 주고받고 회의하고 소통하는 툴이 없거나 중복돼 있고 일의 목표가 불명확하고 평가가 주관적이어서 실패하는 경우가 많다. 따라서 조직은 원격 협업과 커뮤니케이션을 지원하는 기술과 교육에 투자하고 근무 위치에 관계없이 모든 직원에 대해 객관적이고 공정한 평가를 보장하는 정책과 업무절차를 개발해야 한다. 화상 회의 외에도 다양한 솔루션과 툴을 활용하여 하이브리드 워크를 효과적으로 지원하고 전체를 관리해야 한다.

하이브리드 워크 솔루션을 구성할 때 다음과 같은 다섯 가지 기능을 적절히 조합하는 것을 추천한다. 첫째, 실시간 커뮤니케이션과 협업을 가능하게 하는 기능, 둘째, 원격 화상 회의 기능, 셋째, 공동 작업과 문서 공유 기능, 넷째, 프로젝트와 작업 관리 기능, 다섯째, 언제 어디서나 가상 사무실에서 본인의 근무 여부 등을 공유하고 업무에 참여할 수 있는 가상 사무실 기능이다. 전 구성원이 어디에 있든지 출근한 형태를 유지하고 본인의 현재 상태를 공유하는 것은 대단히 중요하다. 이에 대한 대안으로 메타버스와 같은 가상공간에 본인의 아바타가 출근하는 것도 좋은 방안 중 하나다.

　프롭테크 기업인 직방은 전 구성원들이 메타버스로 만들어진 가상의 30층짜리 사무실로 출근을 한다. 물론 화면에는 나를 대신하는 아바타가 가상의 사무실을 돌아다니며 동료 아바타를 만나고 대화가 필요하면 직접 화상으로 얼굴을 보며 대화를 하도록 만들었다. 실제 사무실처럼 동료들과 접촉해 원격근무에서 발생할 수 있는 소통 단절을 최대한 줄인 것이다. 이러한 환경에서 원격근무를 지원할 강력한 솔루션과 툴을 사용한다면 시공간을 뛰어넘는 하이브리드 워크를 완성할 수 있다.

　정리하면, 하이브리드 워크에 성공하기 위해서는 모든 기능이 하나로 통합돼 사용하기 쉽고 생산성 향상과 업무 집중이 가능한 올인원 협업도구 솔루션으로 하이브리드 워크를 지원해야 한다. 하이브리드 워크를 적극적으로 수용하는 회사는 언제 어디에서 일하든 일에 전념할 수 있어 사무실 비용을 줄이고, IT 시스템을 사용함으로써 생산성을 높이고, 워라밸을 실현함으로써 최고의 인재를 유치할 수 있는 차세대 미래형 기업으로 성장할 것이다.[4]

이제 비즈니스 디지털 레볼루션을

실천해 보자!

이제 챗GPT를 모르는 사람은 없을 것이다. 업무에 적용하면 생산성이 30% 이상 놀라울 정도로 향상된다고 한다. 그렇다면 이걸 회사에 적용해서 이익을 30% 이상 내야 하지 않을까? 알고만 있으면 뭐 하나? 이것이 이 책의 핵심이다. 다른 기술도 다 마찬가지이다. 신기술을 비즈니스에 활용하여 일대 혁명을 이루어내는 것, 이것이 바로 비즈니스 디지털 레볼루션BDR이다.

왜 디지털 전환DX을 해도 효과가 없을까?

신기술 '적용 계획'은 있지만 '전환 계획'이 없는 것이 주원인이다. 인공지능도 도입했고, 빅데이터도 적용했고, 로봇도 도입했고,

메타버스도 만들어봤고, 스마트팩토리도 해봤다. 그런데 회사는 크게 바뀐 것이 없다면? 처음부터의 계획이 시범적용 정도로 조금씩 흉내만 내다가 말았을 것이다.

전사적 자원관리ERP 추진은 어떤 회사의 것을 선택하고 어떤 업무에 어떤 단계를 거쳐서 어떻게 적용하겠다는 계획까지가 전부이다. 전사적 자원관리를 적용하고 나면 프로세스가 개선되어 자동화가 되고 스피드 향상이 되고 생산성 향상이 된다. 따라서 분명히 회사의 구조가 바뀌어야 하지 않을까? 그런데 회사의 구조는 그대로이다. 왜 큰 금액을 투자해서 전사적 자원관리를 적용했는데도 달라진 게 없을까? 전사적 자원관리 적용과 관련한 트랜스포메이션, 즉 '전환 계획'이 없기 때문이다.

디지털 대 전환기에 기업의 생존 방안은 무엇일까?

과거의 성공 방정식에서 하루 빨리 벗어나서 디지털 신기술을 좀 더 깊이 있게 연구하고 새로운 경영 방식을 신속히 적용하는 것만이 무한 경쟁 시대에 살아남고 지속 경영을 할 수 있는 최선의 방안임을 다 잘 알고 있다. 그런데 왜 적극적으로 실천을 안 하는가? 못 하는 건가? 결국 이를 제대로 추진 할 '사람'에 해결 방안이 있다. 여기서 사람이란 최고 경영층이 될 수도 있고 실무 담당자가 될 수도 있다.

디지털 전환DX을 추진할 사람이 없다고 한다. 당연하다. 새로운 기술이고 새로운 경영 방식이니까 사내에서는 서로 모르긴 마찬가지이다. 교육 프로그램을 만들어 육성하고 일부는 아웃소싱을 한다면 '사람' 문제는 비교적 빨리 극복할 수 있다. 사람이 있어야 디지털 전환이든 비즈니스 디지털 레볼루션이든 추진을 할 수 있다.

계획이 맞으면 믿고 맡기고 성과가 나도록 시간을 주고 적극적으로 지원한다면 분명히 디지털을 통한 비즈니스의 변화와 혁신은 이루어진다고 확신한다.

미주

프롤로그

1   조선일보 2023. 8. 1 이경배 [기고] 화륜거와 챗GPT

1장 비즈니스 디지털 레볼루션이 시작됐다

1   전자신문 2023. 7. 6 이경배 [ET시론] 신기술 적용 방법론 : DT 넘어 BDR로

2   정식 명칭은 The Locomotives on Highways Act. 19세기 말 산업혁명기 영국에서 증
     기자동차의 등장으로 위기에 처한 마차 산업을 보호하기 위해 시행된 법률

3   중앙일보. 2023. 2. 16. [이경배의 이슈 읽기] 질문 잘하는 사회. https://www.joon-
     gang.co.kr/article/25140960#home

2장 인공지능이 세상을 바꾼다

1   중앙일보. 2023. 6. 5. "악마와의 거래", 그러나 AI에 올인해야 하는 이유. https://
     www.joongang.co.kr/article/25167607#home

2   머니투데이. 2023. 6. 4. AI, 일상을 이미 바꿨다…"美 GenZ 61%, 챗GPT 꾸준히 사
     용. "https://news.mt.co.kr/hotview.php?vgb=year&no=2023060211092463608&type
     =1&hid=202306131328134205&hcnt=9&sec=all

3   양정애(2023. 4. 12.). 챗GPT 이용 경험 및 인식 조사. 한국언론진흥재단. Media Issue
     9권 3호. https://www.kpf.or.kr/front/research/selfDetail.do?seq=595547

4   매일경제. 2023. 1. 26. "의사 로스쿨 시험 모두 붙었어요"…알고보니 사람 아니었네.
     https://www.mk.co.kr/news/it/10619800

5   조선일보. 2023. 5. 4. 게임 개발·신약 연구·디자인·마케팅… 화이트칼라부터 파고
     든 AI. https://www.chosun.com/economy/tech_it/2023/05/04/S6MBVPLZDNEG-
     ZJZTAO3ZFOAWYM/

6   조선일보. 2023. 5. 4. 챗GPT 가정교사에 美사교육 주가 급락… AI가 기업들 흥망성
     쇠까지 가른다. https://www.chosun.com/economy/economy_general/2023/05/04/6
     EP7YU7FN5ABFIXXQMHKNI5CEE/

7   조선일보. 2023. 5. 4. 법률 업무도 44% 대체 가능… 본격 도입 땐 재판 지연 '획
     기적 개선'. https://www.chosun.com/national/court_law/2023/05/04/GDGHTU-
     5MENG2XPNY3MZ3DXNIUM/

3장 빅데이터 수집과 활용이 경쟁력이다

1   중앙일보. 2023. 3. 4. 이경배 [리더스 프리즘] 데이터 태부족국.

2　www.data.go.kr

4장 기술 혁신이 산업을 재편한다

1　매일경제. 2023. 1. 19. 이경배 [기고] 산업 재편 불러올 기술 혁신이 동시다발로. https://www.mk.co.kr/news/contributors/10611565

5장 누가 미래의 지배자가 될 것인가

1　매일경제. 2022. 8. 22. 이경배 [기고] 지금은 IT 기반 기술을 생각할 때. https://www.mk.co.kr/news/contributors/10429943

2　황성현. 배터리 산업 전망. 유진투자증권 리서치센터. 2023년 3월.

3　KDB산업은행 미래전략연구소. 2021. 9. 13

4　애플 홈페이지(apple.com)

5　한국경제. 2023. 6. 6. '456만원부터 시작'···애플, MR 헤드셋 '애플 비전 프로' 공개

6　CIO. 2023. 6. 5. 메타, '퀘스트 3' 발매 정보 공개 '500달러, 가을 출시' https://www.ciokorea.com/news/293179#csidxfbe977d3f1833a08b166eea7dd6297e

7　지디넷코리아. 2021. 8. 12. 장애물 피하고 계단 오르고...페덱스 자율주행 로봇 '록소'. https://zdnet.co.kr/view/?no=20210812160349

8　'브랜디드 콘텐츠'란 다양한 문화적 요소와 브랜드 광고 콘텐츠의 결합으로, 콘텐츠 안에 자연스럽게 브랜드 메시지를 녹이는 것을 목표로 한다.

9　매일경제. 2022. 10. 18. "가상공간 선점"···GS25 · CU의 메타버스 전쟁. https://www.mk.co.kr/today-paper/view/2022/5290923/

6장 앞으로 10년이 미래를 결정한다

1　매일경제. 2020. 3. 17. 이경배 [기고] 코로나가 몰고 올 미래 사회의 변화. https://www.mk.co.kr/news/contributors/9249537

7장 플랫폼이 세상을 지배한다

1　중앙일보. 2022. 5. 12. 이경배 [시론] 일상을 지배하는 플랫폼 경제의 명암. https://www.joongang.co.kr/article/25070550#home

2　머니투데이. 2023. 7. 12. '갑'이 된 토,카,핀 (국회 강병원 의원실이 금감원 제출자료 분석결과)

3　관훈저널. 2021년 겨울 통권 161호. 이경배 [세미나] 플랫폼 경제와 언론의 대응

8장 새로운 마케팅 전략이 필요하다

1   전자신문. 2022. 8. 4. 이경배 [ET시론] 대변혁시대 기업 생존 전략. https://www.etnews.com/20220803000046

2   중앙일보. 2023. 3. 31. 이젠 MZ 아닌 젠Z…디지털원주민 20대, 트렌드를 바꾼다. https://www.joongang.co.kr/article/25151545#home

3   한국경제. 2023. 6. 23. '막강 파워' 바이어들… 너도나도 인플루언서 모시기. https://www.hankyung.com/economy/article/2023062304081

4   코카콜라 홈페이지. www.coca-cola.co.kr/stories/brand-story

5   CleverTap 홈페이지

9장 모든 것을 디지털로 전환하자

1   매일경제. 2023. 6. 1. 초거대 울산조선소, 클릭 한번에 공정 쫙~. https://www.mk.co.kr/news/business/10750627

2   매일경제. 2020. 5. 15. 이경배 [기고] '디지털 전환, 더 과감하게 더 빨리'. https://www.mk.co.kr/news/contributors/9339117

3   삼성디스플레이 뉴스룸. 2021.11.16. 초연결 시대의 대안으로 떠오른 '엣지 컴퓨팅'. https://news.samsungdisplay.com/29813/

4   밤하늘에 등대가 불을 비춰 길을 안내하는 것처럼 첨단 기술을 적극 도입해 세계 제조업의 미래를 이끄는 공장을 말한다. 세계경제포럼이 2018년부터 전 세계 공장들을 심사해 매년 두 차례씩 선발하며, 2023년 1월 기준 전 세계에 132개가 있다. (출처: 인공지능신문)

5   2021. 6. 5. 인더스트리뉴스.

6   HACCP: Hazard Analysis and Critical Control Point. 식품 및 축산물의 원료 생산에서부터 최종소비자가 섭취하기 전까지 각 단계에서 생물학적, 화학적, 물리적 위해 요소가 해당식품에 혼입되거나 오염되는 것을 방지하기 위한 위생관리시스템

7   블로그 더술닷컴. 이대형 '전통주 칼럼, IT 세상 속 스마트 팩토리를 양조장에 접목해 보자

10장 디지털 전환 수준을 측정하자

1   매일경제. 2022. 6. 15. 개인 맞춤형 식단 처방하는 시대…'식품업계 테슬라' 나온다. https://www.mk.co.kr/news/economy/10349644

2   전자신문. 2022. 10. 12. 이경배 [ET시론] DX시대, 기업 DNA '디지털'로 바꿔야. https://www.etnews.com/20221012000198

3   전자신문. 2023. 7. 6. 기업 10곳 중 6개는 DX 시도도 못해…직원 역량 부족이 가장

큰 요인. https://www.etnews.com/20230705000175

4   전자신문. 2023. 7. 5. 사설 '전문인력 없는 디지털전환 요원'. https://www.etnews.com/20230705000259

11장 기업 시스템을 디지털로 고도화하자

1   OECD iLibrary

2   매일경제. 2023. 3. 28. 이경배 [기고] 기업 경쟁력은 디지털 시스템에서 나온다. https://www.mk.co.kr/news/contributors/10697382

3   중앙일보. 2023. 5. 21. 국민 의식부터 바꾼다…韓출산율 2배, 일본의 차원 다른 대책. https://www.joongang.co.kr/article/25163622#home

4   전자신문. 2023. 5. 24. 이경배 [ET단상] 하이브리드 워크: 포스트 팬데믹 비즈니스 미래. https://www.etnews.com/20230523000008

디지털은 어떻게 비즈니스를 성공으로 이끄는가?

비즈니스 디지털 레볼루션

초판 1쇄 인쇄 2023년 9월 1일
초판 1쇄 발행 2023년 9월 8일

지은이 이경배
펴낸이 안현주

기획 류재운 이지혜
편집 안선영 박다빈 **마케팅** 안현영
디자인 표지 정태성 본문 장덕종

펴낸 곳 클라우드나인 **출판등록** 2013년 12월 12일(제2013 - 101호)
주소 우) 03993 서울시 마포구 월드컵북로 4길 82(동교동) 신흥빌딩 3층
전화 02 - 332 - 8939 **팩스** 02 - 6008 - 8938
이메일 c9book@naver.com

값 19,000원
ISBN 979 - 11 - 92966 - 33 - 5 03320

* 클라우드나인에서는 독자 여러분의 원고를 기다리고 있습니다.
  출간을 원하시는 분은 원고를 bookmuseum@naver.com으로 보내주세요.

* 클라우드나인은 구름 중 가장 높은 구름인 9번 구름을 뜻합니다. 새들이 깃털로 하늘을 나는 것처럼 인간은 깃
  펜으로 쓴 글자에 의해 천상에 오를 것입니다.